第一次學
面相學
就做對

亞洲最大命理網站
「占卜大觀園」命理總顧問

陳哲毅◆著

面相學跟姓名學

面相學在五術裡面是簡單而容易懂，又能直接運用的術數，不用花費太多力氣來計算，憑肉眼就能判別吉凶好壞，對於人事情境的變化趨勢，可以達到某種程度的預知與掌握，所以對於現代人是非常實用，應該好好利用的知識工具。那麼學習面相學有什麼好處嗎？這是個非常重要的問題，既然面相學對人們有幫助，也跟日常生活有關，不如就實際運用的範圍來說明，應該會比較清楚一點。

人際方面：

看出個人跟六親之間的關係，知道彼此緣分的深淺淡薄，能明白家世背景的貧富好壞，所受的教育栽培程度，跟父母長輩的應對，兄弟姊妹的親疏，貴人多寡的情況，將來出外人緣的優劣，是否被朋友牽連拖累，對人情事故的態度。

感情方面：

明白本身的個性條件，對於情感的表達方式，何時比較容易走桃花運，選擇對象的注意事項，以及最佳的追求時機，彼此相處溝通的模式，對第三者介入的提防，適合結婚的時機，婚後要如何維持和諧，對子女的教育觀念是否有共識。

事業方面：

知道自己的優點長處，以及欠缺的才華能力，適合工作的行業屬性，跟同事主管的相處之道，能否自行創業當老闆，要如何管理員工下屬，接洽業務要怎麼談判，面臨決策要積極或保守，困境當中要如何突破，該結束或是繼續經營。

財運方面：

了解繼承產業的情況，使用金錢的態度方式，對於投資理財觀念，要如何增進個人財運，適合從事何種生意買賣，如何與人合夥共同投資，跟他人來往借貸的關係，何時可以主動積極進取，要避免注意的破財事項，人生運勢的理財規畫。

健康方面：

懂得先天體質的好壞，抵抗疾病的免疫能力，體質容不容易過敏，飲食作息要如何搭配，身體可能罹患的疾病，內在精神的狀態表現，如何增進身體的健康，何時要提防意外災害，親戚朋友是否平安順利，出外遠行是否有阻礙或麻煩。

面相學運用的範圍很廣泛，雖然有一定準確的徵驗，但也有缺陷不足的地方，必須藉由其他方式來輔助，其效果能有相輔相成的作用，其中又以姓名學最爲理想，是可以用來搭配面相學的工具。因爲「相由心生、又隨心轉，心轉則相變、相變則運變」。這是說明，面相學的吉凶好壞，其實跟心性有很大關係，那麼什麼是心性呢？其實就是人的個性而已，個性若好，相就會美，很有人緣、獲得幫助；個性若差，相就會醜，失去人和、遭受埋怨，兩者的情況有天壤之別。

既然個性能改變命運，那麼姓名學就顯得重要，因爲姓名學的重點，就在於改變人的個性，也就是讓心性產生變化，相不但能改變，運也會跟著轉，而達到轉性開運的功效。不需要去整形美容，由內心想法來改造，讓個性急躁的，能變得沉穩，個性木訥的，能變得活潑；覺得自卑的，變得有自信，平常沉默的，變得敢發表，不僅改掉了個性，面相會更有人緣，還轉變成好運勢，何樂而不爲呢？因此面相學若能跟姓名學搭配使用，將更能帶給人們幸福跟好運。

（小心，你的尊容已經將你的秘密洩露了。）

五術的相學淵源流長、分支眾多，可以追溯到黃帝的時期，一直到春秋戰國以後，才有比較完整的系統資料，這是因為相學是一種實際觀察，需要統計累積的學問，要有一定程度的驗證，才能得出較客觀的結論，但由於涵蓋地區遼闊、內容繁雜瑣碎，又時代不斷演變的關係，有些論述已經不太符合，因此相學雖然簡單實用，但若要深入專研精通，也不是一件很容易的事。有鑑於此，特別整理典籍資料，挑選重要的心得，並且加以白話論述，讓讀者能分門別類、按部就班來學習，可以馬上熟練、得心應手，直接用於日常生活當中，而獲得實際的利益。

就整個相學來說，手面相學是最常用的，特別是面相學的部分，讓人一眼就看穿對方的個性、品性，因此能夠迅速了解對方，舉凡人際交友、感情婚姻、事業財運、健康運勢等等，各方面的對待情況，都可以由對方面相得知，特別是五官跟十二宮的位置，幾乎是需要牢記熟讀的。而且現代人重視外貌，講求效率，跟人接觸的機會大增，處理的事情又繁雜，感情很容易受挫想不開，事業茫茫而選錯前途，加上社會動盪不安，無法日久見人心，因此若能學習面相學，用來交友用人做選擇，那將會節省很多時間，並且提高順利成功機會，這是非常重要的一點。

再者，面相學強調的是：「相由心生、相由心轉」，跟佛家所說：「萬法爲心造」的道理相似。面相學所表現出來的，雖然能知道人的運勢起伏、命運趨勢，與園遭環境的變化等，但眞正所在意的、想指點出來的是「心性的好惡」，也就是反應在外的行爲舉止、氣質風度、談吐説話、決策運用、生活實踐……，所謂觀人識人、知人善任也。若知道個人心性的優劣得失，就知道要如何彌補挽救，那麼不管是自我修身或是人際往來，都能圓融應對、無所閃失，人生的過程將能平穩順利，減少不必要的阻礙坎坷，各方面將有更上一層樓的視野。

自序

早年投入五術的研究領域，就追隨著吳明修老師學習，十幾年的涵養累積之下，讓我在五術學問上，奠定了良好的基礎，還承蒙照顧，提拔哲毅當中國擇日師協會的理事長，來發揚傳統五術的精萃，而本人所學，特別是在姓名學方面，在有所領悟之餘，更創造出直斷式姓名學，使姓名學理論更上一層樓。但是關於相學方面，卻很少有實質的發揮，五術的相學看似簡單易懂，實則深奧玄妙，因為幾千年的統計資料，使得相學的內容包羅萬象，範圍非常的廣泛，不僅僅是只有面相學而已，而是面相學最具有實用價值，能夠運用於日常生活當中，所以非常值得學習研究，特別是面相學除了跟人各方面的運勢有關以外，也跟「中醫」有很大的關聯，一些疾病的反應徵兆，往往會透過面相表現出來，若能及早發現的話，說不定能夠預防某些疾病，防止其嚴重惡化的結果。這似乎跟面相學判斷心性的喜惡、舉止的好壞不謀而合，讓我有更深刻的體悟。關於這點都要感謝南投竹山的李氏兄弟，李春松、李信志兩人的指點切磋，春松兄擅長於卦理，能夠直斷吉凶，讓我對卦理有更多的了解，而信志兄對於藥草醫理的了解，更是讓我大開眼界，其診斷醫療的手法更是獨樹一幟，在觀看他人面相氣色後對症下藥，更用「符籙」之學來加強療效，在讚嘆之餘，也使得哲毅不時拜訪請益，對於其所學有更多啓發精進，而豐富了本書的內容。

除此之外，也感謝之前出版姓名學的時候，基隆普化警善堂的簡火土道長的幫忙，能夠彼此交換心得，特別是「關聖帝君恩師」親自降筆賜序，對於哲毅的姓名學讚譽有佳，並且點明開啓不少人生道理，讓哲毅對於姓名學有更深刻的了解，在掌握判斷人性方面，會顯得更加小心細膩，並且認眞的研讀學習。而最後要感謝的是「紅螞蟻圖書公司」李錫東總經理、亞洲最大命理網站「占卜大觀園」嚴立行總經理，在經濟情況這麼不景氣的時候，願意大力支持，並且加以推動，讓哲毅的著作能夠順利出版，從姓名學延伸到面相學領域來，而個人的網站也在今年如期成立，呈現出多樣化的面貌，使得「亞洲最大個人眞人影音命理資料庫」的願望能夠實現，並且不斷的在成長茁壯當中，哲毅實在是非常感動欣慰，也希望能夠繼續奮鬥打拚，讓傳統五術能夠宏揚世界，不辜負大家的期待盼望。

資料庫網址：http://www.eproname.com/

目錄

肆、命相缺陷帶災難，事與願違徒辛勞(二) 129

壹、面相部位流年運勢圖及白話解說

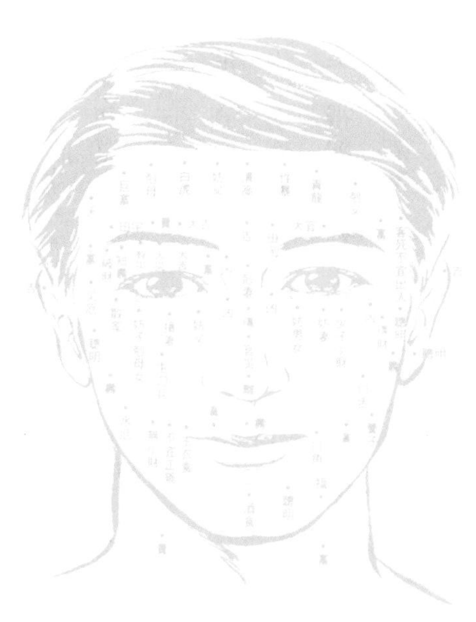

壹、面相部位流年運勢圖及白話解說

一、三停部位流年面相運勢圖及白話解說

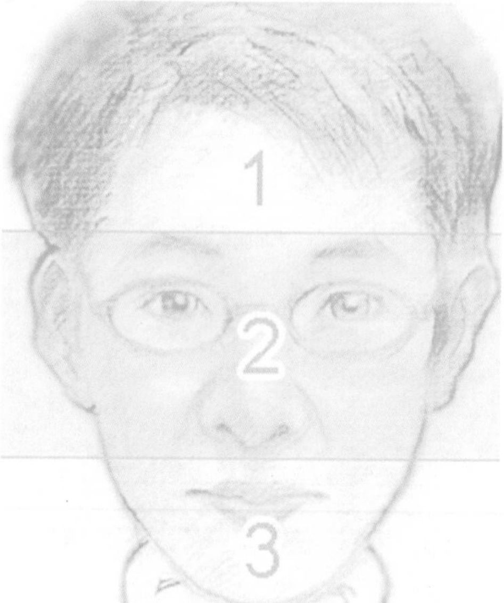

1. **上停**：上停的位置是由髮際到印堂，表示個人的少年運（一歲至二十五歲）。

若額頭寬廣高闊，又沒有任何疤痕或惡痣的話，表示家庭背景良好，祖上有遺留產業財富，能受到良好的栽培教育，身邊又多貴人相助提拔，出外能結交良好朋友，所以能奠定事業基礎，很快就能夠出人頭地、聲名遠播。

反之，若額頭低窄缺陷，又出現疤痕或惡痣的話，表示家庭環境普通，祖上沒有遺留什

麼產業財富，凡事需要靠自己打拚，很早就被迫獨立生活，會到異鄉外地去發展，但過程會顯得奔波勞碌，容易有失意困頓的情況。

2.中停：中停的位置是由山根到準頭，表示個人的中年運（二十五歲至五十歲）。

若鼻子隆起、山根有力，顴骨豐滿有肉包覆，特別是眉神要清秀，則表示事業的基礎穩固，為人意志力堅強，願意努力打拚，往往可以開創一番事業，又判斷力較佳，投資理財會很穩固，能夠妥善運用金錢，可以慢慢累積成果，享有優渥財富。

但若是山根凹陷、鼻樑塌陷，顴骨削尖無肉突出，又眼神混濁、眉毛粗短的話，就表示為人忍耐力差，凡事容易半途而廢，喜歡爭奪他人利益，人際關係顯得緊張不和協，投資理財方面，易受到慫恿煽動，而顯得急躁衝動，會有不少的損失，沒辦法守住財富。

3.下停：下停的位置是由人中到地閣，表示個人的晚年運（五十歲至七十五歲）。

若是人中深長、輪廓明顯，嘴巴端正緊閉，法令紋分明，地閣寬闊、飽滿有肉的話，表示事業有成、擁有財富，人際關係佳，膝下的子女賢能孝順，晚年生活無憂無慮，身體情況良好，能夠長年安居故鄉。

不過若人中短淺、歪斜有痣，嘴巴無法合攏，法令紋入口，地閣削尖、凹陷無肉的話，表示事業會遭受失敗，往往導致破產負債，人際關係出現問題，糾紛不斷，子女的作為將會牽連拖累自己，經濟生活頓時陷入困境，身體情況不佳，有顛沛流離的可能。

二、十三部位流年面相運勢圖及白話解說

十三部位是由髮際的「天中」，向下一直線到「地閣」，共分十三個人生的重要關卡，關係到個人的運勢起伏、感情婚姻、事業成敗、財富多寡等等，所以說必須詳加注意，方能趨吉避凶。

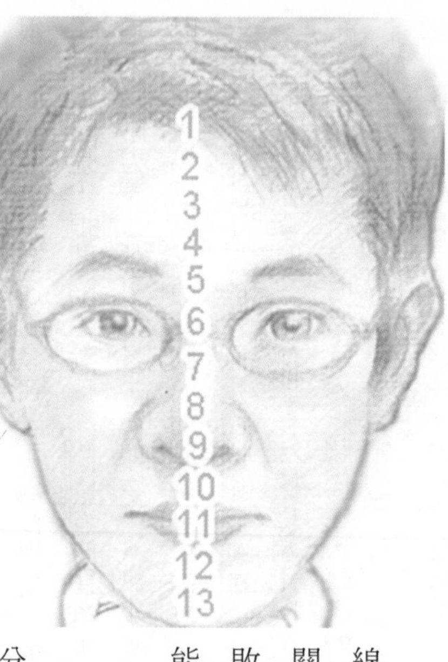

1. 天中（十六歲）

「天中」位於髮際的正中處，表示六親緣分、功名富貴的地方，若隆起無缺損，額頭又寬廣開聳的話，那麼跟長輩的緣分深，能獲得幫忙資助，求學過程順暢無礙，將來事業容易成功，能夠累積財富。

反之，此部位凹陷有疤痕或惡痣，又額頭低窄削尖的話，表示早年奔波辛勞，凡事較無依靠幫助，跟長輩的緣分淺，獲得的栽培有限，事業容易遭人陷害，而有官司訴訟的可能，

出外要避免意外橫禍的發生。

2.天庭（十九歲）

「天庭」位於天中下方，表示少年運勢、福德庇祐的地方，若隆起無缺陷，表示家境安康穩定，求學過程順利，沒有什麼特別的煩惱阻礙，能夠獲得長輩或貴人的提拔，而有功成名就的可能。

若凹陷無力，出現疤痕或惡痣，表示幼年多災多難，有疾病或意外發生，缺少家庭的照顧溫暖，凡事需要自立自強，過程顯得辛苦勞累，較晚發達成功。

3.司空（二十二歲）

「司空」位於天庭下方，表示自我主宰、事業人際的地方，若隆起無缺陷，色澤鮮明黃潤，表示人際關係佳，能獲得主管肯定欣賞，工作順利無阻礙，能夠迅速升遷，以及累積財富。

若凹陷或有疤痕、惡痣的話，表示運勢欠佳，容易遇到阻礙，會有小人在背後陷害，有官司訴訟的可能，人際關係上，要注意金錢往來，以免被牽連拖累。

4.中正（二十五歲）

「中正」位於司空下方，表示聰明才智、名聲事業的地方，若隆起無缺陷，色澤明亮黃潤，表示為人智商頗高，反應靈敏，學習能力佳，能研究創造，人際關係良好，事業上會有一番成就。

若凹陷或有疤痕、惡痣的話，表示資質駑鈍、反應遲緩，心浮氣躁，容易跟人起衝突口角，得不到任何幫助，事業上奔波辛勞，收穫卻不成正比，要預防官司或疾病的發生。

5.印堂（二十八歲）

「印堂」位於中正的下方，眉毛的中間，表示個人運勢、健康情況、事業人際的地方，若方正隆起、色澤明潤的話，表示為人心胸開闊、凡事不拘小節，善於跟人交際應酬，正確的判斷情勢，因此事業的發展迅速，個人的身體也十分健康，很少有疾病產生。

反之，凹陷或不方正、色澤黯淡、有疤痕或惡痣的話，表示為人心胸狹隘，見不得別人好，人際關係時常有衝突摩擦，事業上容易有糾紛，或者遭人破壞，而造成嚴重損失，健康上要預防疾病侵襲，出外要注意交通安全。

6.山根（四十一歲）

「山根」位於印堂的下方，眼睛的中間，表示事業基礎、婚姻家庭、健康情況的地方，若山根隆起寬廣，色澤明亮黃潤，表示事業的基礎穩固，有貴人從旁幫忙協助，業績能夠蒸蒸日上，婚姻上，所選擇的配偶精明能幹，可以成爲不錯的左右手，身體情況也十分良好，很少碰到意外災害的發生。

若凹陷無力，或氣色不佳、青筋浮現，不然就是有疤痕、惡痣的話，表示事業的基礎不穩固，缺乏許多成功要素，會打拚得很辛苦勞累，卻沒什麼實質收穫，婚姻上，配偶容易拖累自己，成爲沉重的負擔或絆腳石，身體上，容易積勞成疾，或是外出遭遇意外橫禍的發生，要特別小心注意。

7. 年上（四十四歲）

「年上」位於山根的下方，在鼻樑的上方，表示人際關係、財運多寡、健康情況，跟「壽上」合稱年壽。若豐隆有肉、氣色明亮黃潤，表示人際關係佳，善於溝通協調，願意大方分享，跟朋友有通財之義，理財投資的觀念很正確，能夠慢慢累積財富，身體情況良好，個性樂觀積極，較少煩惱憂慮。

反之，凹陷歪斜、有雜亂紋路、氣色黯淡灰黑，或有疤痕、惡痣的話，表示人際關係有問題，跟親戚朋友的緣分較薄，彼此不常往來溝通，投資理財方面，容易被他人欺騙而上當，導致錢財損失慘重，借貸要特別注意，出外要注意交通安全，以防血光之災發生。

8. 壽上（四十五歲）

「壽上」位於年上的下方，在鼻樑的上方，表示人際關係、財運多寡、健康情況，跟「年上」合稱年壽。若豐隆有肉、氣色明亮黃潤，表示人際關係佳，善於溝通協調，願意大方分享，跟朋友有通財之義，理財投資的觀念很正確，能夠慢慢累積財富，身體情況良好，個性樂觀積極，較少煩惱憂慮。

反之，凹陷歪斜、有雜亂紋路、氣色黯淡灰黑，或有疤痕、惡痣的話，表示個性孤僻，人際關係有問題，跟異性往來要注意，以免遭到仙人跳，而惹上桃花劫，婚姻上，配偶體弱多病、多災多難，恐怕會有牽連拖累的現象，錢財方面，借貸要特別注意，要保持身體健康，不要過度的勞累。

9. 準頭（四十八歲）

「準頭」位於壽上的下方，鼻翼的中間，表示人際關係、財富運勢、健康情況的地方，若豐隆挺立、渾圓有肉、氣色黃潤的話，表示有主見、懂得應對進退，人際關係的手腕不錯，財運方面，由於人際擴展的緣故，會有更多致富機會，能夠迅速累積財富，也能夠存守得住，身體的情況良好、少災少病。

反之，若凹陷歪斜、削尖如刀、氣色昏黯、有疤痕或惡痣的話，表示心思不正、巧取豪奪，人際關係惡劣，常常得罪他人，財運方面，喜歡冒險投機，而導致血本無歸，很容易被慫恿煽動、衝動行事，最後惹禍上身，健康方面，消化系統要注意，腸胃容易病變，出外要注意交通安全，以防不測禍端。

10.人中（五十一歲）

「人中」位於準頭下方，鼻子跟嘴巴之間，表示個性人際、子女關係、健康情況的地方，若深長端正、輪廓清晰、沒有疤痕或惡痣的話，表示為人樂善好施、熱心公益，可以結交許多朋友，而獲得眾人的幫助，跟子女的互動良好，管教方面不用費心，子女多半有出息，身體情況良好、食慾正常，只要配合適當的運動，就能夠長壽。

反之，若歪斜不正、輪廓不明、紋路雜亂、有疤痕或惡痣的話，表示心術不正、喜佔別人便宜，常設計陷害他人，出外會與人結怨，導致貴人少而小人多，影響到事業的開展，跟子女的相處上，會有代溝隔閡，子女多半叛逆難以管教，很容易惹事生非、讓家人操煩擔心，健康情況，出遊要注意安全，特別是戲水方面，婦女要注意難產或不孕。

11. 水星（六十歲）

「水星」位於人中的下方，也就是嘴巴的部分，表示個性心思、人際關係、健康情況、晚年運勢的地方，若端正有形、嘴唇緊閉、色澤紅潤、紋路分明的話，表示個性聰穎、心思單純，不貪圖榮華富貴，不設計陷害他人，跟子女關係親密，子女會賢孝順從，晚年經濟優渥、可以安享天年。

反之，若歪斜不正、嘴唇露齒、色澤黯淡、有疤痕或惡痣的話，表示個性浮躁、容易焦慮，有情緒化的反應，跟人易起口角衝突，影響本身的信用名譽，子女方面，子女會拖累自己，必須付出大筆金錢，恐怕會因此負債破產，晚年生活不如意，有顛沛流離的可能。

12. 承漿（六十一歲）

「承漿」位於水星的下方，嘴唇下的凹處，表示財運福祿、晚年運勢的地方，若豐隆有肉、輪廓明顯、色澤明潤的話，表示爲人很有食祿，到哪兒都有人請客，擁有廣闊的人脈，相對的，周遭資源豐富的關係，財富也能累積很多，晚年運勢平順，沒有什麼煩惱。

若過度凹陷、色澤昏暗、有疤痕或惡痣的話，表示人際關係不佳，容易遭受他人拒絕，的現象，晚年顯得勞碌、經濟生活拮据，要提前規劃才好。

三、五官部位流年面相運勢圖及白話解說

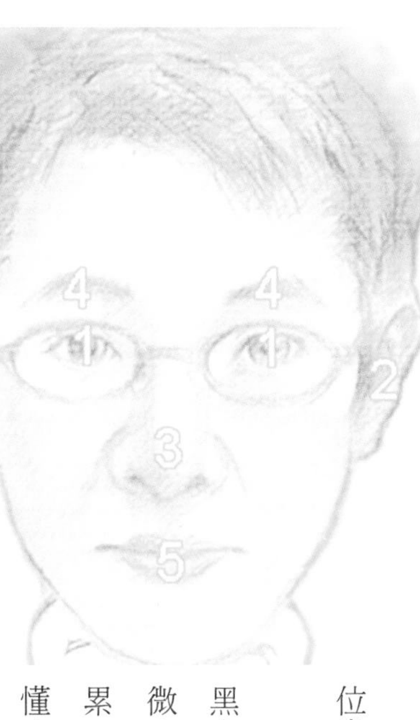

1.眼睛：眼睛的流年，掌管品行人際與地位貴賤（三十五歲至四十歲）。

眼睛若完整無缺損，不凹陷或突出，眼球黑白分明、眼神端正直視、眼睛細而長，眼角微微上揚、眼睛有光澤出現，久視而不覺勞累，表示富有聰明機智，善於謀略及策畫，又懂交際手腕，很會做公關，適合擔任主管，能獲得大家的贊同，事業上多半能夠創業，努力奮鬥而成一片天地，財運上，能夠妥善運用金錢，做正確的投資規畫，不會貪圖快速發達，會採取穩健的腳步，而享受甜美的果實，通常具有很高的社會地位，而有一定的影響能力。

眼睛若有缺失損傷，有凹陷或突出，眼球黑白混濁、眼神斜視不正、眼睛大而圓，眼角

地方下垂、眼神外露失神，不堪久視而眼淚直流，表示心術不正、存心不良，喜歡偷雞摸狗、專走旁門左道，人際關係十分惡劣，得不到眾人的幫助，事業的進展無望，還常有阻礙發生，不然就是官司訴訟，有牢獄之災的可能，財運方面，由於缺乏主見、判斷錯誤，易被他人慫恿欺騙，導致錢財血本無歸，投資理財常常徒勞無功，社會地位通常不高，從事較粗重或低下的職業。

2. **耳朵：**耳朵的流年，掌管家境背景與個性健康（一歲至十五歲）。

耳朵若形狀端正，沒有任何損傷，輪廓清晰分明、垂珠明顯，色澤明亮黃潤的話，表示家庭背景不錯，從小能獲得栽培，聰明且反應靈敏，能學習多樣才藝，各方面顯得優秀，又有貴人相助，有少年得志的情況，可以靠人際關係來擴展事業，靠知名度漸漸累積財富。

耳朵的形狀彎曲怪異，又有損傷的話，輪廓不分明，又沒有垂珠，色澤黯淡無光、呈現灰黑，或是有疤痕或惡痣的話，表示家境貧寒不理想，需要負擔家計生活，早年離鄉背井，外地生活打拚，心態比較偏激，容易自負驕傲，事業需要靠白手起家，但錢財往來要注意，以免遭受牽連拖累，身體也容易出問題，會產生慢性的疾病。

3. **鼻子：**鼻子的流年，掌管婚姻人際與事業財富（四十一歲至五十歲）。

鼻子若山根隆起、鼻樑挺直中正、豐隆有肉、色澤明潤、準頭渾圓沒有損傷、鼻翼有形朝拱，鼻孔不外露，表示人際關係和協，能夠得到幫助，對於配偶的選擇嚴謹，條件通常不錯，有助於本身事業的開展，家庭婚姻多半幸福美滿，投資理財方面，能夠掌握時機、順應環境趨勢，而有不錯的成果，身體多半強健、食慾不錯，配合運動的話，是能夠長壽的象徵。

鼻子若山根凹陷低下、鼻樑歪斜、削尖無肉、色澤黯淡無光、準頭塌陷有損傷、鼻翼不明顯，鼻孔外露，鼻子有疤痕或惡痣，表示人際關係欠佳，經常跟人家起衝突口角，想占人家的便宜，不然就是爲了私慾，使用不正當的手段，會惹來煩麻糾紛，讓名聲信譽受損，婚姻上，彼此個性不合，經常爭執吵鬧，配偶體弱多病、行事急躁，恐有拖累的可能，投資理財方面，會想要速成速發，有投機賭博的心態，常常遭遇挫折失敗，有負債破產的可能，情況不太理想，特別是消化系統方面，也要注意慢性的疾病。

4. **眉毛：**眉毛的流年，掌管聰明才智與地位高低（三十一歲至三十四歲）。

眉毛若色澤黑潤、形狀完整，兩眉距離適中、長度比眼睛長、眉毛順長不逆長、帶有適度彎曲，沒有眉壓眼的情況，表示心胸很開闊、有理想抱負，喜歡吸收新知，學習各種才藝，求學過程順利，成績名列前茅，善於人際關係的交往，能夠獲得大家的認同，對事業發展很有幫助，加上思慮周全、判斷正確，凡事都能夠當機立斷，而有事半功倍的效果，出外能受人尊重敬愛，能享有一定的社會地位。

眉毛若粗細雜亂、長度過短，距離太近而鎖眉，或距離太過開闊，有漩渦狀出現，色澤枯黃，眉尾不聚，有眉壓眼的情況，表示心胸氣度狹隘、心思起伏不定，做事有頭無尾、容易半途而廢，求學的過程辛苦，不太喜歡唸書上進，常讓家人擔心煩惱，人際關係上，太過於情緒化，直來直往的言語，容易出口傷人而得罪人，造成自己的阻礙，事業不容易開展，往往衝動行事，而忽略風險的存在，造成不小的損失。

5. **嘴巴：**嘴巴的流年，掌管情慾子女與是非禍福（五十一歲至六十七歲）。

嘴巴若形狀端正、稜角分明、飽滿厚實、能開大閉小、色澤紅潤明亮、嘴角微微上揚，紋路清晰不雜亂，表示感情方面，追求交往過程順利，能找到適當的伴侶，共組幸福美滿的家庭，跟子女的緣分深厚，彼此能夠溝通協調，將來子女懂得回饋感恩，晚年可以享天倫之樂，出外方面，能廣結善緣，獲得他人賞識，經常有食祿的機會，財運方面，若能妥善運用，不至於會匱乏。

嘴巴若形狀歪斜、沒有稜角、削薄無肉、無法閉合、色澤黯淡、嘴角下垂，嘴唇紋路雜亂，表示感情交往複雜、男女關係混亂，會有許多糾紛產生，容易有桃花劫或仙人跳，而損失名譽跟錢財，跟子女的相處方面，會有代溝隔閡，子女經常惹事生非，叛逆而難管教，讓家人操心擔憂，晚年以後，關係恐怕會疏遠，不然就是不賢孝，出外方面，沒有什麼好機緣，凡事需要靠自己，錢財要懂得節制，否則將無法存守得住。

四、從面相觀看疾病的徵兆

1.肝臟疾病面相徵兆

肝臟跟膽是互相影響的，兩者有一定的關聯。

徵兆一

若最近的脾氣很暴躁，對周遭的事情很沒有耐性，動不動就為小事而生氣的話，表示肝臟功能不佳。

徵兆二

雙眼黑白不分明，而且呈現黃濁的情況，又臉色也是枯黃灰黑的話，頸部位置的筋有粗大的情況，肝臟功能多半出現毛病。

徵兆三

覺得頭暈目眩，四肢無力，做事情沒精神，懶得運動的話，又臉部奸門的氣色暗黯，顴骨出現黑斑的話，表示肝臟功能受到損傷。

2.心臟疾病面相徵兆

心臟跟小腸是互相影響的，兩者有一定的關聯。

徵兆一

心情容易起伏不定，一下子顯得非常高興，一下子卻又非常憂心，整個人覺得煩悶躁熱的話，心臟功能需要注意。

徵兆二

經常覺得口乾舌躁，舌頭氣色顯得赤紅的話，又顴骨出現皺紋下垂的情況，表示心臟功能不是很理想。

徵兆三

臉上山根的位置呈現灰黯氣色，凡事覺得心有餘而力不足，三分鐘熱度的話，又有心神不寧的情況，表示心臟功能出現毛病。

3.脾臟疾病面相徵兆

脾臟跟腸胃是互相影響的，兩者有一定的關聯。

徵兆一

經常感到疲倦勞累，表情又時常擔心害怕，一副讓人覺得好像有困難發生的樣子，加上食慾不振的情況，脾臟功能大多不好。

徵兆二

臉色時常慘白，像是面無血色一樣，多半有腸胃方面的疾病，整個人又面黃飢瘦、骨瘦如材的話，可以知道脾臟功能出現問題。

徵兆三

整天提不起精神，神情哀傷的樣子，什麼東西也吃不下飯，又有腹脹便秘的跡象，表示脾臟功能不是很正常。

4. 肺臟疾病面相徵兆

肺臟跟大腸是互相影響的，兩者有一定的關聯。

徵兆一

身體經常會冒汗或出冷汗，態度變得很消息悲觀，整個人有氣無力的話，表示肺臟功能需要注意。

徵兆二

呼吸方面特別急促，鼻子又常常流鼻涕，臉上印堂的部分呈現赤紅色，又有脫皮掉屑的情況，表示肺臟功能出現問題。

徵兆三

顴骨的位置呈現赤紅色或者是灰黑色，而且又不停咳嗽，但不一定有痰，像是喘不過氣來一樣，表示肺臟功能亮起紅燈。

5. 腎臟疾病面相徵兆

腎臟跟膀胱是互相影響的，兩者有一定的關聯。

徵兆一

身體或手腳常覺得冰冷，精神狀態不太好的話，會莫名其妙的恐懼，沒辦法專注下來的話，表示腎臟功能不佳。

徵兆二

身體有水腫的現象，特別是腹部的地方，又關節經常酸痛的話，表示腎臟功能需要注意。

徵兆三

耳朵的位置若呈現灰黑氣色，又面色烏青灰黑，臉上淚堂的部分又浮腫的話，表示腎臟功能出現問題。

貳、眾生相自有貴賤，識相者能辨好壞

貳、衆生相自有貴賤，識相者能辨好壞

一、用情投入、一廂情願的面相

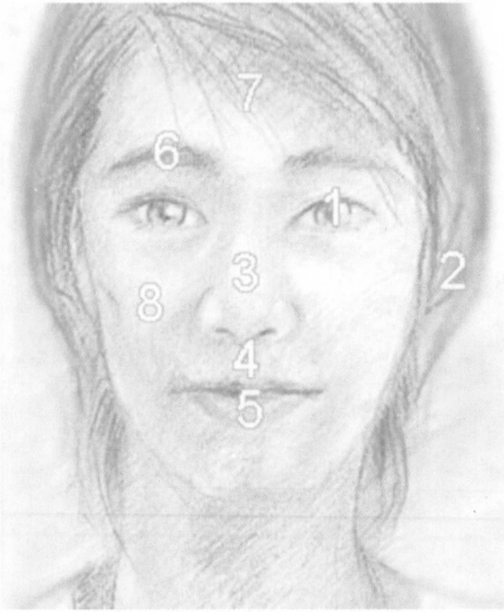

感情交往最害怕碰到對方負心，也就是剛開始認識的時候，彼此還能夠有說有笑，約會時候甜甜蜜蜜，但經過一段時間後，對方的態度卻慢慢變得冷淡，有了一百八十度的轉變，如果你夠仔細敏銳的話，也許就會知道對方出了問題，否則一直到最後你都可能被蒙在鼓裡，等到對方不再跟你聯絡，或說出分手的話，自己才猛然驚醒發覺，一切已經來不及了，只剩下痛苦的感情回憶而已。所以要如何知道對方會不會變心，面相

上可以看出端倪，這是戀人不可不知道的學問，才不會讓寶貴的心意被蹧蹋，無謂的浪費青春歲月。

面相特徵

1.眼睛的大小

首先眼睛的部分大小要一致，不能有大小眼的情況，否則在感情上會起伏不定，眼睛的位置，也不可以有高低落差，這樣心態才不會浮動，而遭到誘惑。

2.耳朵的位置

耳朵的部分，大小要適中，位置也要正常，太高或太低的話，感情都不是很穩定，很容易發生變化。

3.鼻子要挺立

鼻子要挺立，不能歪斜，才不會欺騙感情，鼻翼要明顯，大小也要均等，選擇對象時會比較謹慎。

4.人中要深長

人中要深且長、要端正，或者上窄下寬，心胸會比較開放，對感情比較重視，情慾方面的嗜好會比較正常，不會變態而下流。

5. 嘴巴端正

嘴巴要端正，不能歪斜，講話會比較實在，對感情比較認眞。

6. 眉毛匀稱

眉毛要匀稱、色澤要潤，不要太粗或過細，長度也要稍微比眼睛長，這樣個性會比較溫和，不會那麼暴躁，能夠理性看待感情的事。

7. 額頭飽滿、下巴寬長

額頭跟下巴要飽滿寬長，不能夠太狹窄，判斷力會較佳，做人處世會比較寬容，對感情問題好溝通商量。

8. 顴骨有肉

兩頰要有顴骨，但不宜過度突出，或是見骨而無肉包覆，這樣會容易走極端，對感情交往不是很有利。

二、謙虛保守、羨慕他人的面相

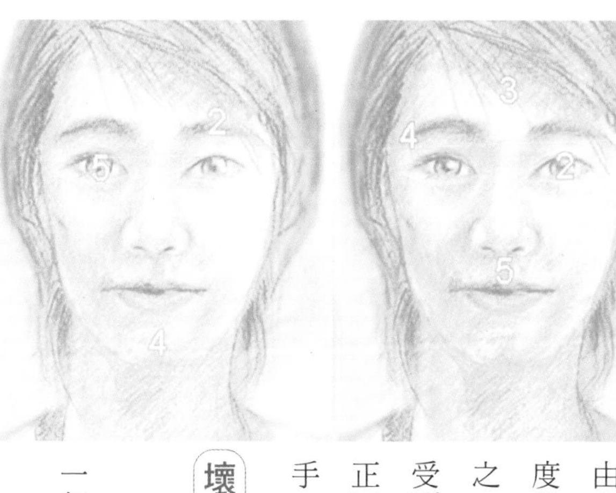

人跟人之間的相處，總是希望被人欣賞、被人肯定，而由心中產生團體的認同感，因此如果有人行事太過囂張，態度傲慢自大，肯定會遭受到排擠，而且沒有人會喜歡。反之，若懂得欣賞他人的優點，並且善於鼓勵他人的話，將會受到大家的愛戴，人際關係一定變得十分良好，對自己會有正面的幫助，將來無論遇到什麼困難，就不怕沒有人伸出援手。

壞的組合：容易傲慢自大、不懂得欣賞他人

1. 臉部看起來很大，但實際上五官卻很小，或是有擠在一起的感覺。

2. 臉部顯得削瘦，但五官比例卻十分突出，眉毛又特別

粗大濃密。

3.臉形過於方正、有稜有角的情況，或是臉部呈現圓形，沒有明顯的線條。

4.下巴的部分太短，耳朵的位置過低，容易固執己見，不容易溝通協調。

5.眼睛比例太小，不容易被說服，比較小心眼，嘴巴比例小又薄唇，講話很犀利，個性不服輸。

好的組合：懂得要謙虛，不會諷刺他人

1.五官端正、比例均勻，讓人沒有不舒服的感覺。

2.眼神明亮有神、沒有閃爍的情況，不能夠突出或凹陷，嘴巴能夠緊閉，不能顯得鬆弛張開。

3.額頭要飽滿寬廣，鼻子要挺拔、中直不能歪斜。

4.眉毛要超過眼睛的長度，不能夠太短或者不夠清晰，眉毛跟眼睛之間的距離適中。

5.人中要深長，看不見雜紋，鼻翼豐滿有肉，看不見鼻孔。

三、充滿自信、謙虛有禮的面相

遇到挫折失敗時，通常也是大家最灰心喪志的時候，有些人能夠從中學習經驗教訓，很快的東山再起，創造一番事業成就，相對的，有些人可能選擇逃避現實，而不願意面對問題，活在人生的陰影當中。在面相上來說，懂得樂觀進取的人，往往是充滿自信心的，而且懂得謙虛爲懷，而悲觀消極的人，則會比較自卑，而缺乏承擔責任的勇氣。

1.印堂間的距離適中，大約一指半的寬度（依臉形比例）

印堂太過狹隘，心胸就比較狹窄，凡事較悲觀，而且判斷偏差、見識不足，容易受到他人的慫恿，衝動行事；印堂太寬的話，缺乏自我主見、膽量不夠，常常人云亦云，容易受到他人的影響。因此印堂距離太寬或太窄，都不是非常理想。

2.鼻樑要挺直中正，佔臉部的一定比例，不可太少、太多

鼻子代表一個人的個性、主見，若能夠佔一定比例的話，就表示為人樂觀積極，而且很有責任感，不怕挫折困難，會有堅持到底的決心。

3.嘴巴要緊閉不能鬆弛，嘴角處要微微上揚，嘴唇的厚薄要適中

嘴巴比例適中的話，個性都比較開朗大方，對別人能夠包容看待，不會隨便批評別人的壞處，或者凡事斤斤計較，意志力很堅定，不會半途而廢，很有個人的原則。

4.下巴要顯得有力，外觀稍微突出飽滿

下巴若過短的話，心態上容易患得患失，不會積極的行事，會有所保留，較欠缺安全感，情緒上不是很穩定，做事情會輕言放棄。若是下巴飽滿的人，很有活力與衝勁，通常說到做到，很重視給他人的承諾，做事情不怕辛苦困難，成功機會很大。

四、腳踏實地、不愛吹牛的面相

有些人說話口是心非，這種心機深沉的人，大家都會非常害怕，而不願意跟對方打交道，但由於對方能言善道，講話很喜歡吹噓，因此不知不覺中就會相信對方，最後遭受欺騙上當，而常常有被拖累的情況，要如何才能避免呢？無論是談戀愛、做事業、求財運，伴侶、夥伴都是很重要的，要非常慎重的選擇，若能從面相來判斷的話，將會比較快速知道，而且能夠事先預防。

面相特徵

1. 單眼皮的人

這種人比較不會包裝自己，到處去炫耀他人，為人比較冷靜，行事風格保守，所以很適

合做幕僚、內勤，或是繁瑣的工作，但卻不適合從事外交、公關，或是需要協調的工作。

2.鼻孔不外露

這種人做事情會有分寸，懂得適可而止，不會好大喜功，通常在財務的決策上，會顯得滿優秀的，錢會花在刀口上，跟人相處也會老老實實、謹慎小心，不會說出不該說的話。

3.雙耳要貼腦

這種人不愛求表現，比較安分行事，所以個性上顯得斯文有禮、傳統保守。但由於腦筋應變能力差，欠缺靈活的手腕，所以做事情比較死板，但是還滿忠誠可靠的。

五、守身自愛、拒絕誘惑的面相

追求慾望是人的本性，但若是爲了貪圖利益，用不正當的手段，那麼就不是一件好事了。人還是需要基本的道德觀與責任感，這樣才有一定的目標與意義，只要適當追求享受，生活就能充滿情趣，而不必惹上麻煩。是否能克制慾望、拒絕誘惑，面相上也可以看出一二。

面相特徵

1. 兩頰飽滿

臉上兩頰也就是顴骨的位置，應該是要飽滿豐厚，有肉包覆著，而不能見骨，這樣的人個性會比較強勢，能夠有自己的判斷能力，來選擇周遭的事物。反之，兩頰消瘦，顴骨突顯見骨，表示爲人自私，做事情不牢靠，很容易見利忘義，出賣朋友。

2.人中深長

人中深長的話，行事很有原則性，不受他人影響，對於利益不會汲汲營營，也不會有佔有的念頭，一切都會按部就班，不會投機取巧。反之，人中短淺的話，會有說謊欺騙，不擇手段的情況出現，更經不起物質的誘惑，會時時刻刻想偷雞摸狗。

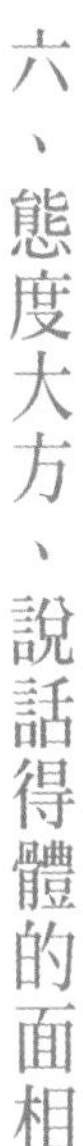

六、態度大方、說話得體的面相

在社交場合中，態度大方、講話得體的人，常能夠給人良好的印象，爲自己的形象加分，因此若能訓練好口才，將會有很多機會表現，那麼一輩子就不愁吃穿。

在戀愛上，善於溝通協調問題，讓對方心悅誠服，感情自然長長久久，在事業上，隨和明理，說話幽默風趣，又分析得頭頭是道，生意成交的機會當然就提升。這些在面相上就可以輕易發現，也是可以用來挑選伴侶或朋友的方法，使自己不容易吃虧。

面相特徵

1. 下巴飽滿、明顯突出

下巴飽滿的人，會比較有自信心，對任何事情永遠保持樂觀，不容易自暴自棄，對朋友也非常客氣大方，人緣通常會不錯，能夠獲得支持。反之，下巴又尖又短，脾氣容易暴躁，顯得情緒化，凡事斤斤計較，不懂得自我檢討反省，很容易衝動得罪人。而下巴突出最好是圓形，不要有稜有角的感覺。

2. 嘴巴有型、嘴角微揚

嘴巴有型的話，就是嘴唇的輪廓很明顯，而不是呈現一直線的模樣。這樣的人，講話非常的動聽，說服力很強，大家會喜歡接近。嘴角微揚的話，個性比較活潑開朗，為人光明磊落，不會小家子氣，這都是容易相處的人。反之，缺乏仔細的思考，講話直來直往，容易傷到人，而跟人家有結怨的情況。

3. 鼻樑挺直中正

鼻子代表自我，若挺直中正的話，表示爲人正直、說話算話，不會有顚三倒四的情況。

鼻子大，自我主張較強；鼻子小，自我主張較弱。若鼻子歪斜不正，或是鼻翼大小不均，就必須特別注意，做事情通常不按牌理出牌，自我約束力較差，說話都不當作一回事，對於朋友會有所隱瞞，而不夠開誠佈公。

4. 眼睛細長且小

眼睛小的話，表示比較謹愼小心，膽量不是很大，加上細長的話，代表做事情很穩建，不會急躁衝動，對朋友也顯得口氣溫和，不會隨便發脾氣，對於周遭事物能夠先觀察，再做出最後的決定，很少會因為失敗而有所損失。反之，眼睛大話就多，容易受別人影響，做事情比較主動，但欠缺考量規畫。

七、胸有主見、絕不盲從的面相

一般人多少都會帶有叛逆的性格，但凡事若能以團體爲重來考量，相信大家就能夠容忍尊重，態度稍微退讓一下，這表示有自知之明，不會當老鼠屎。反之，若像牆頭草的話，每次都隨人起舞，而沒有一點判斷能力，會非常的討人厭，尤其又愛搞鬼的話，那眞的是沒事找事做，整天只想出風頭，成爲衆所矚目的焦點，完全不識大體，造成團體成員之間的對立。這些從面相上都一覽無遺，特別是身爲主管決策者，更是應該要注意的。

面相特徵

1. 眉眼距離要寬闊

眉毛跟眼睛之間的地方，面相學上又稱作田宅宮，如果寬闊的話，表示爲人眼光遠大，很有理想抱負，行事一步一腳印，很能夠堅守原則，是團體中的安定分子。反之，眉毛過於緊貼眼睛的話，也就是俗稱的眉壓眼，表示爲人缺乏耐性，行事急躁衝動，很容易感情用事，而導致失敗的局面，是大家眼中的頭痛人物。

2.耳朵貼腦、輪廓明顯

耳朵若是貼腦但不外翻的話，表示爲人服從性高，很重視團隊合作，不會擅自主張，會盡力做好分內的事，是個野心不大，不愛冒險的人。反之，外翻的耳朵，表示爲人聰明機智，個性外向活潑，往往比較叛逆，不愛傳統舊制，喜歡隨心所欲，會採取大膽行事的風格，來達成目的。

3.眉毛勻稱

眉毛勻稱是說濃淡適中，而且長度比眼睛稍微長一些，表示這個人個性溫和，不會亂發脾氣，做事情有條有理，會考慮到他人的感受，爲團體來謀福利，說話能夠衡量現況，行事不容易誇張。反之，眉毛過淡、或過濃，表示性格不穩定，情緒起伏不定，讓人無法捉摸，不知道要如何相處。

八、自我反省、力求上進的面相

人人都想追求成功，而不願意失敗，但是天下哪有白吃的午餐，除了極少數的幸運兒之外，其他看得到的名人、企業家、政治領袖等等，幾乎都是經過一番苦難的磨練，在長時間的自我鞭策之下，才看得到今天的成就，而不是憑空得來的。因此成功人士確實有許多寶貴經驗，是很值得讓大家去學習的，除此之外，從面相上也可以看出徵兆，可以馬上知道這些成功人士的特質。

面相特徵

1. 眉稜骨突出

眉稜骨就是眉毛上方突出的地方，一般來說，眉稜骨代表一個人的精力充不充沛，有沒有膽識。若顯得很飽滿的話，就表示爲人積極奮發、企圖心很強烈，做事情很有幹勁，不怕任何的困難，願意去承擔責任。反之，眉稜骨不明顯，或是過於突出，前者表示沒有擔當，膽小怕事，後者則容易感情用事，而有越軌的行爲產生，都不是很理想的情況。

2. 額頭寬廣飽滿

除了眉稜骨之外，額頭飽滿也是一個重點，從額頭可以了解許多事情，像是一個人的聰明才智，或是脾氣個性等等，都可以從這個地方看出。額頭高聳的人，對於精神生活相當重視，善於跟人溝通協調，重視理性的相處，態度會比較開放。反之，額頭較低的人，重視生活物質，行動講求實際，不太能夠詳細思考，但是環境的適應力不錯。

3. 鼻樑要長

鼻子代表自我要求，也代表個性脾氣，若比例適中或稍微長一點的話，表示爲人很有主見，做事情能夠堅持，不怕受到別人的影響，會積極追求目標。但若是比例過於短的話，爲人恐怕耐性不足，做事情只有三分鐘熱度，而有半途而廢的現象，對於重大的決定，會缺乏主見，而有猶豫不決的情況，容易受他人的影響，不知道該如何是好。

4. 下巴要飽滿且長

下巴若比例夠長，而且形狀飽滿，表示做人處世非常厚道，能夠善待周遭的朋友，因此人緣相當不錯，可以得到幫助跟支持，而很少面臨失敗的局面，而且意志力很強，會默默的把事情給完成，而不會斤斤計較。

反之，若下巴比例太短的話，表示貴人運不旺，凡事需要靠自己努力，過程會比較辛苦一點，沒有什麼太大的作為，要懂得結交朋友才好。

九、思想純正、家境安康的面相

家庭背景良好的人，其教育程度都會比較高，而且家中的生活富裕，或者有一定的水準，才能夠專心的發展事業。出了社會以後，外表會充滿自信，對事情領悟力高，處理人際關係也很有一套，是大家都喜歡接近的對象。因此身邊若有受到歡迎的人，或是想要交朋友的話，除了行爲舉止的表現外，在面相上一定也有相同特徵，是很值得參考的依據。

面相特徵

1.良好的耳朵

耳朵在面相代表少年運，是可以看出個人幼年的生活，以及家庭對個人的照顧及影響，因此是相當重要的部位。良好的耳朵，除了形狀輪廓之外，也就是外觀要明顯之外，耳朵的位置也必須考慮的，一般人耳朵的高度，都是跟眉毛等高，若高於眉毛的話，表示很早就能夠出名，家庭背景不錯，幼年就能夠受到栽培，個性能夠獨立早熟。反之，低於眉毛的話，表示幼年生活辛苦，家庭背景不好，缺乏良好的照顧，教育程度會較差。

2. 完美的日月角

一個人額頭寬廣飽滿，代表能受到長輩父母的提拔照顧，少年運也是十分的良好，不用擔心太多的生活問題。而其中，額頭兩旁上的日月角，兩點稍微突出的地方，代表個人的父母親，若明顯突出的話，加上飽滿的色澤，沒有任何疤痕或痣，表示父母身體健康良好，道德操守也不錯，很重視子女的教育問題，自己受到的鞭策會很多，較容易成才並出人頭地。反之，額頭日月角有疤痕或痣，表示家運不濟，父母健康不好，或是來自於單親家庭，幼年生活較不理想。

十、人緣良好、交友眾多的面相

人不可能離群索居，尤其在現代分工合作的社會裡面，資訊的傳遞雖然方便，但免不了要交際應酬，尤其是從事商業工作的人，更是需要跟廠商或客戶接觸。因此如何看待他人與結交朋友，自然就成了一門學問，是必須要學習且注意的。但講求快速效率的時代中，人跟人之間往往沒辦法花時間深入認識，因此要如何判斷對方是否值得交往，面相學這時就能提供不少有用資訊。

面相特徵

1. 鼻樑要中正

鼻樑可以看出個人的心思，鼻樑若長得端正，表示個性耿直，不會動歪腦筋，對朋友能夠誠實、付出關懷與照顧。但若長得歪斜，表示充滿私心慾望，會有投機取巧的行爲，對朋友常常欺騙說謊，不適合跟人相處在一起，恐怕會拖累團體的生活。

2.交友宮良好

交友宮位於眉毛上方，是專門看交友運勢的位置，若一個人交友宮長得不錯，沒有疤痕或痣，色澤又良好的話，表示爲人樂觀積極，很容易交到好朋友，出外會遇到貴人幫忙。反之，交友宮有問題的話，出現疤痕或痣，表示爲人悲觀消極，容易交到壞朋友，而有被拖累的情況，事業上沒辦法開展。

3.眉毛均勻且秀氣

眉毛太過稀疏、太過濃密，或是眉頭濃但眉尾淡的人，在個性上都比較極端，不走中庸路線，因此比較不容易跟人相處，出外不容易得到幫助，身邊會缺乏貴人。但若眉毛整體均勻，且形狀不要太細或太粗的話，表示爲人信守承諾，脾氣比較溫和，出外很容易交到朋友，做事情也會有貴人幫忙。

十一、不會疑神疑鬼而有神經質的面相

一個人若整天疑神疑鬼的話，相信生活中會充滿著許多不便，大家都不敢跟他接近做朋友，在感情方面，會處處懷疑對方私下的舉動，跟對方經常有口角衝突發生，還會用各種理由來掩飾嫉妒，在事業方面，容易出爾反爾，讓人家摸不著頭緒，而影響到信譽，事業可能導致失敗。交友方面，會喜歡批評他人，讓周遭的人很不屑，很可能因此遭到排擠，甚至於有精神狀態的毛病，或是妄想症的產生。

面相特徵

1. 眉毛齊平、位置一致

眉毛若位置長得一樣高的話，表示心胸坦蕩、爲人開朗，不會斤斤計較，會有欣賞他人的風度，個性上容易跟人家接近。但若是長得一邊高、一邊低的話，表示心態不平衡，見到他人的優點，心裡都會產生嫉妒不滿，會批評他人，大家都不願意跟他做朋友，其實這種人，缺乏自信，自卑感重，而且容易被別人牽著鼻子走。

2.眼睛大小一致

眼睛代表五官中的重要地位，是具有非常大的影響力，若眼睛大小一致的話，表示個人言行舉止合一，做事不會反反覆覆，心態也容易取得平衡，不會有情緒化的現象。若是眼睛一大一小的話，對於異性的態度不佳，反應動作尤其明顯，不是暴力相向，就是不屑爲之，而且心思容易變遷，讓人無法捉摸，不太容易相處溝通。

3.眼睛或眉毛不宜有痣

眼睛附近有痣的話，表示運勢受到了阻礙，會比較奔波操勞，長期下來，會對周遭的人不信任，而有神經質的情況產生，在處理事情上過於極端，情緒不是很穩定，受到刺激的話，舉止很可能失控，若跟這種人交往的話，是需要特別小心注意的。

十二、懂得進退、不出風頭的面相

俗話說：「人怕出名、豬怕肥」，用來比喻知名度帶來的麻煩。若表揚的是好事情的話，哪倒也無所謂，至少能獲得人家的尊重，但若是愛出鋒頭炫耀的話，不但人家會覺得討厭，自己恐怕會惹禍上身。這樣的情況，不但反應在行爲舉止上，也是可以從面相上來得知，用來判斷對方的個性，因此若能夠掌握對方的心態，那麼在交友或用人上，就能夠事半功倍，達到知人善任的效果。

面相特徵

1. 耳珠明顯

耳珠就是耳垂的部分，通常有耳垂的人，會比較有福氣，原因是因爲待人和善、能夠聽進建言，不會斤斤計較，願意承擔問題，所以朋友會比較多。反之，則比較辛苦勞碌，對任何事情事必躬親，沒辦法相信別人，會比較堅持己見，所以出風頭的機會就多，招惹的麻煩也多。

2. 鼻頭渾圓

鼻頭是代表財富運用的地方，也能夠看出人際關係的對待，若渾圓的話，表示做事情很腳踏實地，不會馬馬虎虎，對理財也很有一套，人際關係上會願意分享好處，不會那麼自私自利，所以很受到他人的歡迎。但若鼻頭帶尖，或有傷疤、惡痣的話，則做人比較吝嗇，而且會想佔人家便宜。

3. 下巴圓厚

下巴渾圓的人，脾氣會比較敦厚，對人家也比較老實，不會耍心機，很少主動出鋒頭，因此值得朋友信賴。反之，或下巴是削尖的話，也就是沒有肉包覆，代表喜歡享受物質生活，不太會替人著想，會希望很快出名，有不擇手段的情況發生，人際關係的是非糾紛較多。

十三、父母疼愛、但長輩關愛的面相

若從小有人緣的話，那一定很受到長輩父母的關愛，而且享有無微不至的照顧，就算出了麻煩，也會有貴人來相助，最後都能順利解決，是天生的幸運兒。

反之，若從小討人厭的話，那就無疑是缺乏貴人，遇到困難阻礙的話，都必須千辛萬苦、費盡心力才能解決，離成功之路非常遙遠。這在面相上都可以輕易看出，跟父母長輩的關係是否良好，彼此能不能溝通協調，就能知道對方的貴人運好不好。

面相特徵

1.日月角飽滿

日月角代表一個人的父母，是觀看額頭的重點所在，除了表示個人的腦筋智力外，還代表少年運勢的發展。因此若日月角長得好，在年輕的時候就很會讀書，而且做事情有條有理，父母的教訓會聽進去，行爲不會過於極端，能夠建立正確的價値觀。反之，則年少時容易變壞，到處惹事生非，父母卻無法管教，加上判斷力較差，所以很容易誤入歧途。

2.眉長過目、眉尾上揚

眉毛代表一個人的個性，也可以看出跟家人相處的關係，尤其是兄弟姊妹，眉毛若稍微比眼睛長的話，表示跟家人感情深厚，而且彼此相處愉快、溝通順暢，很容易受到長輩跟父母的疼愛，若上揚的話，表示運勢漸入佳境，能受到良好的栽培。但若眉毛過短的話，表示跟家人的緣分較薄，可能相處的時間較少，或彼此容易有代溝嫌隙，若眉尾又下垂的話，表示運勢逐漸走下坡，恐會受到家人的拖累，而生活顯得非常艱苦。

十四、耐性十分、毅力十足的面相

開創事業最需要精神，尤其是耐性跟毅力，常常是成功的關鍵，在各方面努力上都是如此。感情交往上，能夠堅持到底，成爲競爭的贏家，而事業上，願意等待時機，並且做好萬全準備，而立於不敗之地。這樣的人，在面相上有一定的規則可循，只是一般人沒有注意到而已，若能夠好好利用面相學，那麼就知道自己跟他人的優缺點，並且能做到截長補短。

面相特徵

1. 鼻樑要長且有力

鼻樑若有一定比例的長度，代表爲人保守穩重，做事情會很專注投入，而且刻苦耐勞，不會朝三暮四、無理取鬧。再者不會輕易的更換工作或情人，反而會很重視交情，對周遭人很忠誠，是值得信賴的夥伴。反之，做事情往往三分鐘熱度，不思索計畫，有衝動行事的可能，事業跟感情容易起伏不定。

2. 耳朵貼腦、輪廓明顯

這樣的耳相來說，由於貼腦表示為人聰明，因此做事情能夠深謀遠慮，不會隨便馬虎，所以失敗的機會較少，個性也比較沉穩，願意等待機會的到來。反之，耳朵太小或耳朵外翻，則會缺乏安全感，想法會比較多變，而沒有辦法專注眼前的事物，所以會被認為缺乏耐性，有半途而廢的可能，但比較能突破傳統，而開創出新的契機，算是各有利弊。

十五、感情事業、得以兼顧的面相

很多人都希望感情跟事業能夠兼顧，但卻往往心有餘而力不足，不但搞得自己精疲力盡，並且還讓身邊的人給誤解。不過有些人卻能輕鬆面對，不但事業上全力衝刺，感情方面也能夠照顧到，不讓身邊的人被冷落，總是一副春風得意的樣子，讓你百思不得其解呢？其實這些情況都可以由面相看得出來，而不用絞盡腦汁想，是不是神奇呢？

面相特徵

1. 單眼皮、小眼睛

單眼皮的人做事情能夠冷靜，通常會想個兩全其美的計策，然後才會採取行動，而眼睛小表示保守，而且眼光精準，會希望面面俱到，因此能夠兼顧感情跟事業，但是雙眼皮或眼睛大的人，通常就不會如此，會比較熱情大方，很容易感情用事，受到他人的影響，凡事先做了再說，而不考慮周詳，因此感情跟事業不太能兼顧，會有偏袒的現象發生。

2. 承漿凹陷

承漿的位置就在嘴唇的下方，有個稍微凹陷的地方。這個部位代表事業心很重，很會交際應酬，但也表示很重視生活情趣，會對另一半或家人獻殷勤，不會因爲投入工作當中，就忽略了家庭，是個感情跟事業兼顧的人。反之，承漿不明顯的人，這樣的特質就比較不明顯，跟人的互動較差，通常只能專注在一項目標上，而沒辦法兼顧兩者。

十六、信守承諾、勇於負責的面相

跟人往來的話，最怕對方不守信用，而自己有被拖累的情況發生，或是明明答應過的事情，臨時卻又變卦，完全不按照先前的協議，還死皮賴臉的辯解。這種一天到晚把「包在我身上」放在嘴邊的人，其實不一定可靠，眞正能夠承擔責任的人，他會先仔細評估，然後再量力而爲，不會隨隨便便就答應，而毀壞自己的信譽。而這些特質在面相上是可以發現的，還有一定的規則可循，大家不妨親自來體驗。

面相特徵

1. 小眼睛、鼻子挺、嘴巴大的組合

小眼睛除了表示保守，也表示精明能幹的意思，看東西非常準確，不會隨便看走眼，因此答應完成的事情，通常是有十足把握的，而不是空口說白話。而鼻子代表自尊心，因此自尊心強的話，就會努力完成事情，不希望被人家瞧不起。至於嘴巴代表人際關係跟自信心，嘴巴越大的話，也越充滿自信，人緣會比較好，答應的事情也很少變卦，會說到做到。但若這些方面不理想的話，就不太能保證承諾，做事情容易敷衍了事。

2. 額頭寬廣、耳朵位置高

除了鼻子要挺外，額頭跟耳朵也是重點，額頭若寬廣又高的話，表示思考夠仔細，做事情按部就班，而且自尊心較強，會強迫自己完成事情，並且有完美主義的傾向，而耳朵表示能力，以及家庭的環境，耳朵位置若高，代表教育程度高，能力相當不錯，家裡能夠支持他，做任何事情都會全力以赴，因此承諾答應的事情，很少會在中途改變的。反之，額頭跟耳朵都不理想，表示智慧見識不足，爲人魯莽草率，答應的事情會反反覆覆，不太能夠貫徹執行。

十七、勤奮工作、老老實實的面相

如果你是老闆，或是已經有伴侶的話，而身邊的夥伴居然是好吃懶做、遊手好閒的人，那可眞是會把你給氣死。這種整天作白日夢，空有理想抱負，眼高手低的人，是沒有辦法成就偉大事業的，自己還可能被對方給拖累，一想到這裡就會令人心寒，所以最好能夠在用人或交往前，就把對方的底細給摸清楚，到時候才不會自找麻煩，抱怨聲連連。這時候就可以利用面相學來幫你嚴格把關，挑選到努力勤快、虛心學習的夥伴。

面相特徵

1.耳朵、鼻樑、額頭長得較低

先前說過耳朵、鼻樑、額頭長得較低，不是說不理想嗎？怎麼這裡又說成勤奮工作呢？其實先前說的是自動自發，有自我的主見，三者的位置都非常理想，這裡的情況，則表示服從性高，容易讓人管理，不會自做主張，會安分的照規矩來行事，配合度相當的高。所以說一個是主動，一個是被動，並不是說耳朵、鼻樑、額頭長得較低，就不是好的相貌。

2. 眉毛粗短

眉毛粗短的人，雖然做事情衝動，但答應的事情，就會去完成，不怕過程辛苦，給人一種草莽性格、直言率直的形象。城府不會深沉，也不懂得算計別人，還算老實誠懇的人。就以前來說，這種人通常是從事武將或是武市之類的職業，而較少從事文藝方面的工作。

十八、善於僞裝、掩藏事實的面相

從一個人的面相上，可以隱約看出對方的性格，是否有貪圖享受、愛賭逞強，或是好色投機的特質。但有這種面相的話，不一定代表對方就是這種人，只能說可能性比較高而已，所以有隱藏起來的味道。若能夠好好利用這方面，在交朋友方面，就比較能避免誤交損友，不至於遭受到連累。

面相特徵

1. 鼻子有痣

鼻子絕不能有痣，包括鼻樑跟鼻翼，這表示對方的財運不佳，有可能投機的炒作買賣。再者，感情上容易遇到對方負心，或是有感情出軌的麻煩，婚姻通常都有第三者介入，或成爲他人第三者的可能。

2. 鼻樑歪斜

鼻樑若歪斜的話，表示爲人心術不正，喜歡算計他人，而且會貪圖利益，品德操守不是很好，對朋友容易說謊欺騙，造成他人的困擾麻煩，投機心態很強，有賭博的可能，最好不要接近爲妙。

3.眉尾有痣

眉尾就是俗稱的夫妻宮，這個地方有痣的話，表示婚前感情不穩定，容易更換對象，或者有腳踏兩條船的情況，對感情的態度不是忠誠，常抱玩玩而已的心態。婚後的話，表示夫妻不合，常常有吵架的情況，金錢方面容易出問題，不然就是跑去花天酒地。

4.田宅宮有痣

田宅宮位於眉毛跟眼睛之間，這個地方有痣的話，表示財富不容易守住，會有花費流失的可能，也表示個人經不起物質誘惑，恐怕會誤入歧途、鋌而走險，有賭博跟花天酒地的習慣。

5.命宮有痕紋

命宮就是眉毛的中間，這個地方有痕紋的話，又叫做懸針紋，像是一把劍插在那裡一樣，表示個人運勢不穩定，出外常常惹事生非，製造出不必要的糾紛，通常需要花錢消災，名聲跟信譽受到損害，但卻不以爲意，嚴重時恐怕傾家蕩產。

十九、常作批評、不願吃虧的面相

有些人很好相處在一起，自己願吃點虧，讓人家佔便宜，而且也不會計較，或埋怨在心裡面。但有些人就不同了，會很重視細節的部分，常常開口閉口都是批評，像是別人都對不起他似的，把所有的不滿都宣洩出來，到處搬弄是非，讓人聽了很反感。這種人在面相上就可以看得出來，人際關係通常會比較差。

面相特徵

1. 下巴突出、削尖無肉

這種面相的人，行事比較自私自利，顧著自己享受而已，不太會理會他人的需要，因此人緣不是很理想，說話時又不懂得察言觀色，直言不諱很令人討厭，就算傷人也不會道歉，做人非常的刻薄。

2.鼻子又尖又細

這種面相的人，做事情常挑三撿四，就是不願意放下身段，平常說的是一套，但執行起來就不是那麼一回事，有表裡不一的現象，對於身邊的人事物，會顯得很敏感、很神經質，常讓周遭的人避之唯恐不及。

3.耳朵短小、形狀外翻

這種面相的人，很愛逞口舌之快，他人的建議跟解釋，完全不當作一回事，只知道爭取自己的權益，而且想法也比較負面，批評別人搶第一，但自我反省排最後，不顧慮到他人的感受，自以爲是。

4.顴骨外張、臉頰無肉

顴骨外張的人，對於事情的處理比較霸道，有蠻橫不講道理的特質，心態也十分冷酷自私，若又沒有肉包覆，直接可以看到顴骨突出的話，那情況更是嚴重，會使出破壞的手段，來達到個人的目的。

二十、不圖享受、知足常樂的面相

人要懂得飲水思源、知足常樂，這樣會比較務實，而不會整天作白日夢。什麼是知足常樂呢？就是不會想要佔人家便宜，或是想不勞而獲，對物質享受看得淡薄，虛榮心不會太強，凡事能量力而爲，默默的耕耘，而最後達到成功的人。

面相特徵

1. 鼻樑稍低

鼻樑稍低的人，雖然比較沒有主見，而行動力較弱，但是卻比較務實，不會想要爭強鬥狠，跟人家搶第一。若鼻翼的部分也很飽滿明顯的話，表示投資理財手段很穩健，不會有好高騖遠的情況發生。

2. 額頭豐隆且圓

額頭豐隆且圓的人，表示做事情腳踏實地，也許額頭不是長得很高，見識會比較差一點，少年運會較辛苦，但還算是不錯的面相。不會想要投機致富，或者妄想不該得到的事物。

3. 嘴巴要大、下巴渾厚

嘴巴大的人比較好客，所以不會斤斤計較，待人處世非常和善，是別人眼中的老實人，生活過得知足常樂。而下巴渾厚的話，朋友會結交很多，對人比較沒有心機，因此很少惹上是非糾紛。

4. 耳朵位置適中

耳朵的位置若太高，表示爲人聰明機智，這樣的話，做事情雖然充滿自信，但是卻不會善罷甘休，所以有時候會爲了爭取權益，而有激烈的手段發生，比較不滿足於現況。反之，耳朵位置適中或者長得較低的話，雖然判斷能力可能較差，但生活的要求不高，會隨遇而安，不會想要去爭取什麼。

二十一、投資有成、生財有道的面相

投資理財人人愛，但是眞正懂得其中道理的人，卻只佔極少部分而已，大多數的人只能追逐金錢，整天汲汲營營，卻不一定能有收穫，反而越辛苦越沒錢，錢都沒有辦法守住，或是不曉得投資到哪裡去？其實面相上可以知道你投資理財的功力如何？讓你有心理準備。

面相特徵

1. 額頭高聳寬廣

這是觀相理財的第一步，額頭長得好，代表有一定的實力基礎，對於投資理財能有良好的見解，以及各種判斷情勢的能力，而且也表示貴人運佳，可以獲得他人的額外幫助，使自己度過經濟難關。

2.田宅宮豐隆

田宅宮長得好，表示能夠累積財富，從事投資事業的話，將會有不錯的發展。就算不會大富大貴，這輩子也不容易缺錢用。但若田宅宮不佳，很容易被家人給拖累，投資上就不太理想，必須要減少支出。

3.雙下巴

雙下巴通常代表財運良好，尤其是不動產或房地產之類的，有這種相的話，大多是後天形成的，表示個人有一定的修養，經濟收入能夠穩定，生活過得無憂無慮，可以順利的累積財富。

4.鼻子挺直有肉

鼻子代表自我跟事業，也是看財庫的地方，從財庫的位置就知道一個人能有多少錢，若挺直有肉的話，通常財運亨通、不愁吃穿，而且還可能自行投資創業。反之，若鼻子長得不好，或有疤痕、惡痣的話，表示財運受損，事業上會有波折。

二十二、利慾薰心、心機濃厚的面相

要分辨對方是否值得信賴，就看對方重不重視感情，若重視的話，那麼對於朋友跟情人，就會願意付出眞心。反之，若是自私自利的人，就會利用各種手段，來欺騙別人，是重視現實利益的人。但是相好不代表就是好的，只是用來當做參考的依據，還是要透過平常的相處，來了解別人會比較好。

面相特徵

1.眉毛上揚

這種人個性比較直爽，雖然講話稍微強硬，不太會委婉相勸，但說到做到，是言出必行的人，對於不正當的事情，會很有正義感，願意挺身而出，是很有責任感的人。

2. 嘴角上揚、嘴唇稍厚

這種面相的人，人緣會比較好，因此對朋友會很大方，而且會滿重視交情的，不會爲了自己的私慾，而犧牲了道德或理智，也是值得信任的夥伴。

3. 人中深長

人中深長的人，爲人熱心公益，很喜歡幫助人，若加上眼神明亮有神，代表行事光明磊落，說話誠懇有信用，是值得信賴交往的對象。

4. 鼻樑歪斜且有痣

鼻樑代表人的心思，鼻樑歪斜的話，表示爲人心思不正，行事不是很正派，會暗地裡算計別人，若有痣的話，還可能會負心，對感情不忠誠，而且有奢侈浪費的情況，投資理財不是很理想。

5. 臉形削尖短小

這種人的臉，類似獐頭鼠目的道理，爲人會很情緒化，做事反反覆覆，而且對於事物很快就會厭煩，有強烈喜新厭舊的特質。在感情方面，在熱戀的時候，什麼手段都使得出來，什麼噁心的話都敢講，不過一旦達到目的，把對方追到手以後，態度就會漸漸冷淡，而有另結新歡的情況，不是很靠得住的男人。

二十三、溫柔體貼、風度翩翩的面相

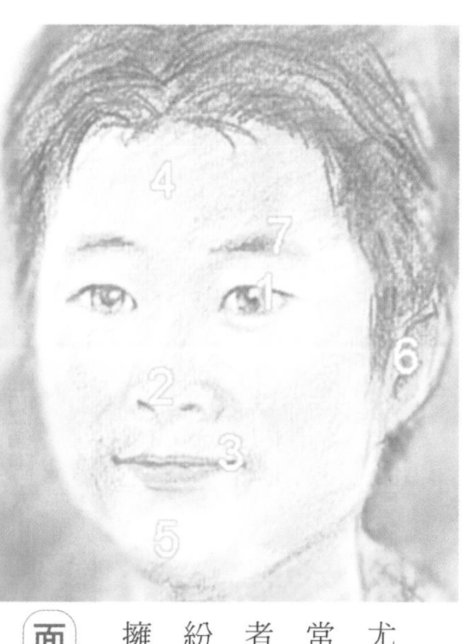

懂得溫柔體貼的人，總是很受到人家的歡迎，尤其男女之間談戀愛的話，擁有這種特質的異性，常常就是情場的常勝軍，很少有失敗的可能。再者，通常這種人也善於溝通協調，可以當作人際糾紛的緩衝，能獲得大家的認同支持，而你是不是也擁有這種特質呢？可以藉由面相觀察出來喔！

面相特徵

1. 眼睛細長、眼角上揚

眼睛若細長的話，為人比較重視感情，雖然不太會直接表現，不過私下會默默的關心照顧，而眼角上揚的人，人際關係會比較好，也善於溝通協調。

2. 鼻頭渾圓

鼻頭渾圓的人，對事情的處理比較理智，而且手段會很圓滑，通常除了理財的能力不錯之外，異性緣也特別的好，能夠用實際的行動關心他人，成爲大家喜歡的對象。

3. 嘴巴適中、嘴角上揚

嘴巴的大小要剛剛好，尤其是女性的話，嘴巴大表示事業心重，個性會比較直爽，而比較沒有女性細膩的特質，而嘴巴太小的話，會比較自私一點，講話會比較尖酸刻薄。嘴角若往上揚的話，表示運勢向上發展，人際關係佳，若向下彎的話，表示比較勞碌，人際關係較差。

4. 額頭寬廣

額頭的部分，如果可以的話，盡量要高廣寬闊，這樣表示對事情的判斷正確，見解比較深入，做人處世比較合情合理，若是女性的話，事業心會較重，尤其是額頭又明顯突出的話，表示個性較爲凶悍能幹，但是往往會傷了和氣，人際關係需要注意。

5. 下巴厚實

下巴的部分，可以看出爲人的修養，若有雙下巴的人，運勢會比較良好，表示自己待人很誠懇，懂得熱心公益，能得到大家的支持，但若太過削尖的話，代表行事較自私自利，比較會追求物質享受。

6.耳朵

耳朵的部分盡量不要太小，形狀也不要外翻，輪廓要明顯才好，表示爲人心胸比較寬闊，比較容易聽進建言，不會隨便發脾氣，就算有困難發生，也能得到他人的幫助，順利的解決問題。

7.眉毛

眉毛長度要過目，而且最好粗細適中，色澤盡量要光亮，其中不能有逆毛，這樣代表個性溫和，跟家人的關係良好，出外會照顧朋友，而且容易出名。反之，眉毛過短，或是太粗太細，又有逆毛產生的話，表示性情起伏不定，容易情緒化，對他人會喜怒無常，人際關係較爲複雜，容易遭受拖累。

二十四、不重視感情、不懂得回饋的面相

有些人容易自我封閉，生活在自己的世界，只重視自己的私慾，而無暇理會他人的需求，說好聽一點是離群索居、獨善其身，實際上是自私自利、薄情寡義。他不喜歡讓人看到自己的喜怒哀樂，而且心防特別重，對待周遭的人總是冷漠以對，不然就是虛情假意的招呼問候。這種人是碰不得的，要特別的小心。

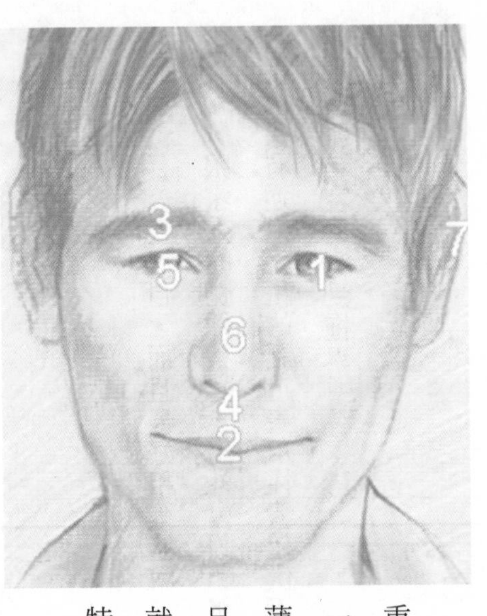

面相特徵

1. 眼睛大、鼻子短

眼睛大的人，會比較衝動行事，而且不太考慮後果，還會有自我迷戀的特質，鼻子短的

人，無法控制物質慾望，會比較奢侈浪費，不太在意他人的感受，只重視自我的滿足而已。

2. 嘴巴小、鼻子尖

嘴巴小、鼻子尖的人，肚量會比較小，而且不太善於溝通，會比較有抱怨批評，表面上看起來待人和善，其實是僞裝出來的表情，心裡不太願意幫助他人，付出的金錢財物反倒會很心疼。

3. 眉毛稀疏

眉毛稀疏的人，做人會比較現實，不太會顧慮交情，因此不太跟其他人往來，就算有交際應酬的話，也只是爲了某種目的而已。

4. 人中短淺

這種人比較不會熱心公益，會比較以自我爲中心，不在意他人的死活，只關心要自己，對朋友不是很熱情，通常有事情才會攀關係。

5. 三白眼、四白眼

眼睛有三白眼或四白眼的話，表示爲人精明幹練，城府很深，只想要成就自己，而不惜犧牲別人，內心讓其他人猜不透，會使人有害怕的感覺。

6.鼻樑歪斜

鼻樑代表個人心思，若長得歪斜的話，表示心術不正，會動歪腦筋算計他人，而且會貪圖利益，不顧慮到衆人的福利，常常惹上麻煩，遭來他人怨恨。

7.耳朵太高

耳朵位置太高的人，通常會比較自以爲是，認爲自己的主張正確，不太理睬他人的看法，雖然表現得很清高，但是私下會很孤僻，很少跟朋友有往來。

二十五、尊重他人、謙虛禮讓的面相

若做人懂得禮讓對方，加上說話得體的話，那麼就不容易招致失敗，因爲身邊的朋友會願意幫助他，自己也會比較努力進取，會虛心求教，從失敗中學習，不會因爲一時成功而沾沾自喜，也不會因爲一時失敗而自甘墮落。因此這種特質的面相，通常是寬大、開放的臉形與五官，而不是緊閉、擠縮的臉形與五官。

面相特徵

1. 嘴巴寬大

嘴巴除了大之外，也要能夠閉合，而不是大而無收，這樣是不太好的，表示做人缺乏原則性，有馬馬虎虎的心態，不是很能夠踏實行事。反之，嘴巴大而有收，則表示思想宏觀，胸襟遠大，顯示與他人不同的氣度。

2. 鼻孔露出

鼻孔露出的話，一般人都會說是破財，有隨便浪費的習慣，但若只是稍微露出，不是太嚴重的話，那麼其為人豪爽，不拘小節，會喜歡跟朋友分享，做事情也很乾脆，拿得起、放得下，凡事看得很開，願意樂觀面對。

3. 雙眉開闊

眉毛較開闊的人，心胸會比較寬大，做人的原則性不高，所以對他人不容易記恨，通常人家說什麼都會答應，不太會跟人計較起衝突，有時候讓人覺得缺乏主見，但其實這是一體兩面的思考，只要不被有心人士利用，就不會有太大的問題。

參、命相缺陷帶災難，事與願違徒辛勞（一）

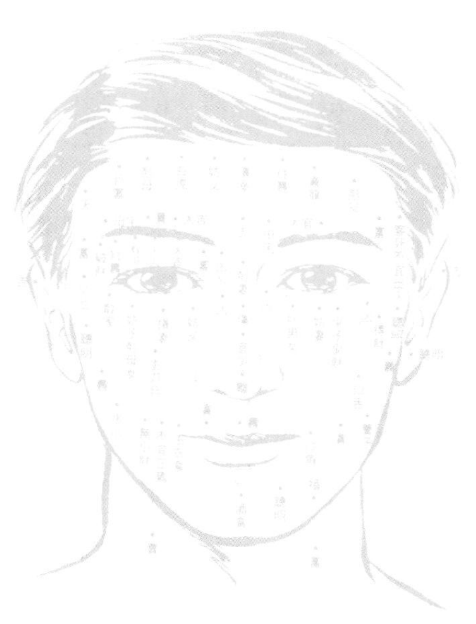

參、命相缺陷帶災難，事與願違徒辛勞（一）

一、男性淫亂花心的面相

1. 奸門

奸門的位置有斑點或惡痣出現的話，表示爲人性好漁色，跟另一半感情不和睦，容易向外尋找刺激安慰，婚前會同時交往許多異性，婚後很有可能會出軌或偷情，夫妻有可能會因此離異。

2. 眼睛

雙眼若斜視看待他人，眼神不是很正派的話，表示城府深沉、心懷鬼胎，又言詞閃爍，不是很誠懇的話，表示對感情不是很認眞看待，有事情會瞞著另一半，有腳踏多條船的情況發生。

3. 人中

人中的部位有斑點或是惡痣出現的話，表示自己對於性的需求強烈，有慾求不滿的情況，比較不能夠控制自己，很容易受到誘惑，而有出軌或偷情的情況。

二、男性窮途潦倒的面相

1. 山根

山根的部分太過細小，表示事業的基礎薄弱，自己的企圖心不夠，做事情常常半途而廢，沒有貫徹到底的毅力，因此會越來越辛苦，老年很可能窮途潦倒，沒有經濟收入的來源，必須靠外力救濟來過活。

2. 顴骨

顴骨若不明顯，又加上歪斜的話，表示得不到朋友支持，事業上沒有辦法領導統御，常常遭到小人的欺詐，或是莫名其妙的損失，使得人生坎坷辛苦。

3.面容、聲音

面容若泛油光，但卻是細皮嫩肉，表示此人桃花較多，但為人卻無擔當，生平無大志可言，又聲音帶嬌相女性的話，情況更是明顯，沒辦法全力衝刺事業，缺乏威嚴來領導統御。

4.手腳、腰部：

手跟腳軟綿綿，沒有什麼力氣可言，表示好吃懶做、不求上進，又腰部細小，表示辛苦勞碌，做什麼事情都不是很順利，必須反反覆覆才能成功。

三、男性孤僻一世的面相

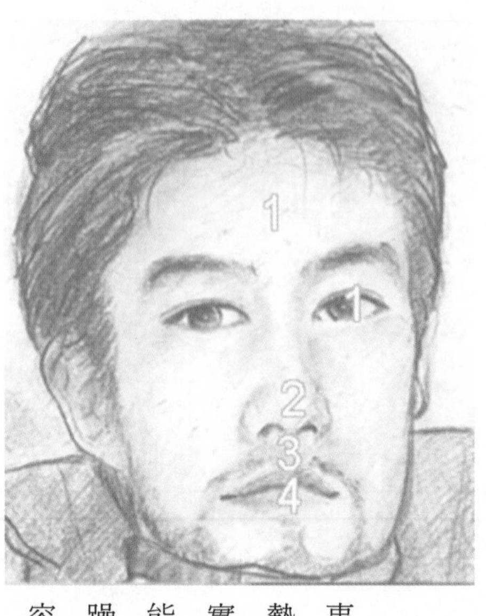

1. 額頭、眼睛

額頭的部分表示基礎運勢，以及個人的見識、事業的發展等等，若太過狹窄或偏斜的話，表示運勢不是很理想，跟親戚好友較少往來，沒辦法獲得實質幫助，行事喜歡獨來獨往，老年有孤僻的可能。眼睛的部分，眼球突出的話，表示為人較為急躁，脾氣不是很好，嫉妒心會滿強烈的，跟人家不容易相處，所以也有孤僻的傾向，不太跟人家交際應酬。

2. 鼻翼、準頭

鼻翼若薄弱細小，而且準頭也是，但呈現歪斜的情況，表示為人心術不正，心懷鬼胎，因此他人不願意接近，而且選擇配偶的判斷上，不是很明確，對方的條件不理想，還可能拖累自己，造成家人之間的誤會，老年有可能獨居。

3. 人中

人中歪斜的話，表示跟子女較無緣，而且老年運非常辛苦，沒辦法享受清福，還可能需要奔波勞碌，才可能有實質的收穫，來安度晚年生活。

4. 嘴巴、喉結

嘴巴形狀如吹火般突出，表示講話尖酸刻薄，凡事愛斤斤計較，人際關係不太理想，晚年運勢也比較差，經濟生活需要注意，喉結若突出的話，爲人較孤僻。

四、男性子女無緣的面相

1.眼睛

眼睛若凹陷無力，而且形狀為三角形的話，表示跟六親的緣分較薄，人際往來互動較少，而且對子女管教嚴厲，但卻容易遭到反彈，若不能改變方式管教，子女成年時就會各自離去，不會顧及到親情。

2.淚堂

淚堂有雜亂紋路的話，表示跟子女的關係不佳，而且身體不是很健康，生育能力會受損，不容易讓配偶懷孕，有可能需要領養子女。

3. 年上、壽上

年上、壽上都在鼻樑上，這個地方若有直紋出現，表示跟配偶的關係不佳，彼此房事沒辦法協調，因此較不願意生兒育女，又表示經濟能力不佳，時常會爲了錢爭吵不休。

4. 人中

人中的位置若歪斜的話，表示跟子女較無緣分，甚至連生育的能力都會出現問題，或是領養的子女不孝順。

五、男性偷盜成性的面相

1. 眼弦

眼弦的附近若有疤痕、惡痣的話，表示爲人佔有慾強烈，見不得別人好，對物質生活非常在意，若沒辦法滿足的話，有可能會作姦犯科。

2. 眼睛

眼睛若斜視他人，見人通常低頭不語，表示個性陰沉，喜歡算計，人際關係不是很活躍，但對於私慾會不擇手段，要十分的小心注意。

3. 顴骨

顴骨的部分若突出，甚至於外張的話，表示爲人脾氣暴躁、好大喜功，常常需要金錢花用，生活奢侈糜爛，若又顴骨無肉包覆的話，表示冷酷無情，若不幸淪爲盜匪的話，對付人的手段非常凶殘。

六、男性心狠手辣的面相

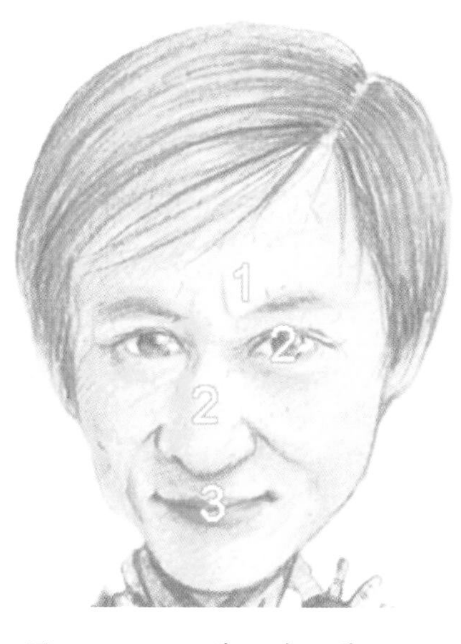

1. 眉稜骨

眉稜骨若非常突出，又沒有肉包覆的話，表示爲人行事衝動偏激、容易膽大妄爲，若與人發生口角糾紛的話，很可能會懷恨在心，而採取暴力或其他手段，時常在外惹事生非，有犯小人或官司的情況。

2. 眼睛、年壽

眼睛若呈現赤紅色，而且久久不能消退，表示脾氣相當火爆，做事欠缺耐性，不高興的話會當場翻臉，而且不會顧慮到其他人的存在，年壽的部分起結，而有擴張的跡象，表示非常以自我

爲中心，不愛受到管教約束，反抗心強烈，對其他人不信任，會想要佔人家的便宜，因此常與人發生衝突。

3. 嘴巴

嘴巴如吹火形狀，又嘴唇薄弱，表示爲人容易口出惡言，講話不經過思考，會見不得別人好，任意批評諷刺，人際關係非常糟糕，大家不願意接近交往。

七、男性配偶緣薄的面相

1. 山根、奸門

山根的位置低陷，甚至有疤痕、惡痣的話，表示此人一事無成，沒辦法承擔起家庭重擔，經濟需要靠配偶幫忙，因此配偶會比較勞心勞力，身體情況不是很理想。奸門的部分色澤昏黯發黑，表示跟配偶的關係不親密，容易有爭吵，夫妻通常不能白頭偕老。

2. 淚堂、鼻樑

淚堂的地方若色澤灰黑，表示跟另一半觀念不合，教養子女的方式歧異，因此會引發爭端，鼻樑若凹陷的話，表示配偶比較操勞，或是身體不佳，經常生病看醫生，花費不少金錢。

八、男性子女代溝的面相

1. 眼睛、淚堂

眼睛若凹陷，而淚堂也有橫紋出現，表示自己的六親緣薄，不容易得到助力，早年奔波勞碌，跟子女相處時間少，不了解子女的想法，因此容易產生代溝。

2. 人中

人中歪斜又出現痕紋、惡痣的話，表示跟子女的緣分較薄弱，不容易影響子女的做爲，還可能要替子女操心，老年生活需要提早規畫，以防子女不賢孝。

3. 年壽

年壽若出現紋路，表示喜歡做主發號師令，但主張通常有問題，因此跟子女的溝通會出現問題，子女會想要反抗，不是乖乖聽命。

九、男性事業失利的面相

1. 天倉

天倉的位置，代表一個人的貴人運，以及是否能得到支持，若凹陷的話，表示沒有人提拔幫助，必須要靠自己努力上進，求學過程會比較辛苦，若山根也低陷的話，表示基礎不是很好，大多無法自行創業，只能當人家的雇員，理財投資要特別注意。

2. 顴骨、準頭

顴骨若不明顯，或是外表有缺陷的話，表示爲人缺乏自信，沒辦法獲得支持，準頭低垂，表示錢財外流守不住，又心思不是很光明正大，人家會比較排斥。

3. 地閣、地庫

地閣歪斜而地庫有惡痣、生瘡的話，表示容易受到朋友的拖累，若擔任團體主管的話，會遭人暗中設計陷害，導致名譽信用受損，也表示交際應酬的手段較差，不夠圓融委婉、缺乏彈性。

4. 法令

法令紋若彎曲又斷斷續續的話，表示自己沒辦法創業，而且缺乏領導統御的權威跟手段，事業前途會遇到阻礙，所以成就有限。

十、男性容易再婚的面相

1. 眉毛

眉毛中間有間斷，而且眉尾有下垂的趨勢，表示夫妻感情不佳，有離異的情況出現，或是因爲外力介入，導致彼此沒辦法長相廝守，有再娶的可能。

2. 山根、奸門

山根有橫紋滿佈，又奸門凹陷、色澤昏黑，表示跟配偶的關係不親密，凡事必須要替配偶操心煩惱，但配偶卻不領情，大小衝突不斷，雙方有可能離異，各自再另組家庭的情況。

3. 年壽

年壽色澤灰黑，而且低陷無力的話，表示配偶中途發生變故，無法與自己長相廝守，有再續絃的可能。

4. 眼弦、奸門

眼弦若呈現紅色，而奸門的位置突出，表示不甘寂寞，若伴侶不適合自己，就會另尋新歡再娶，感情生活不是很穩定，容易有桃花氾濫的問題。

十一、男性配偶支配的面相

1. 眼睛

眼睛若右眼大、左眼小的情況，表示感情容易有波折，而男性表示有懼內的傾向，處處會受到配偶的影響，凡事要請示配偶的意見，而沒辦法完全自做主張。

2. 眉毛、山根

若眉毛壓眼的話，又山根的位置低陷，表示自己沒有什麼主張，而且膽量會比較小，什麼事情都想躲避，但是偏偏配偶管得很緊，容易產生逼迫的意味，自己的行爲舉止會比較收斂。

3. 魚尾、顴骨

魚尾紋下垂，而且顴骨扁平的話，表示夫妻感情不和睦，自己會處於弱勢，不會主動爭取什麼，凡事會聽從對方的意見，而不太敢擅自主張，很容易受到配偶影響，在朋友眼中是個妻管嚴。

4. 準頭、嘴唇

準頭若不突出明顯、嘴唇又像掀開嘟嘴的樣子，表示有苦難言、心情鬱悶，配偶多半會比較強勢，常常發牢騷抱怨，但自己卻不敢有所回應，長久下去，有可能爆發更嚴重的衝突。

十二、男性流氓無賴的面相

1.眉稜骨、眼睛

眉稜骨過分突出，而且相當明顯，沒有肉包覆的話，個性會比較暴躁，對事情沒有耐心，好勝心會比較強，容易跟人家發生衝突，凡事喜歡武力解決，若眼睛也是突出的話，情況會更嚴重，非常情緒化，做事情不考慮後果，本身意外災害會比較多。

2.臉形、年上

臉形如果橫張，像豺狼虎豹一樣，表示修養不是很好，做事情我行我素，不愛接受人家的管教約束，若年上又起結的話，表示缺乏替人著想的慈悲心腸，反而會比較自私自利，為達目的不擇手段。

3. 顴骨、牙齒

顴骨若突出高聳，但是卻沒有肉包覆，只見到骨頭的話，表示為人霸道強勢，喜歡爭權奪利，往往不考慮其他人的立場，只會計算自己的利益，若門牙又尖斜的話，情況會更加明顯。

十三、男性勞碌無福的面相

1.額頭、天倉

額頭的位置若比較狹窄，不是很寬廣開闊的話，表示幼年運比較辛苦，家中經濟不是很理想，事業上沒有貴人來幫忙，凡事會比較辛勞忙碌，需要靠自己努力打拚，又天倉低陷的話，表示遇到困難的機會多，但通常不容易順利解決，需要拖延許多時間。

2.福堂、山根

福堂有雜紋出現，表示爲人心神不寧，常常擔憂害怕，因此會比較勞碌，而山根低平，表示事業基礎不是很好，需要自己爭取機會，經過一

番挫折才能成功，享福清閒的時間很少。

3. 顴骨、準頭

顴骨若低陷的話，表示自己沒有助力，人際關係的手腕較差，得不到有力的支持，若自行創業的話，在管理上恐怕會出問題，準頭若往下垂，表示投資理財的判斷不佳，需要小心注意，以免血本無歸。

4. 井灶、嘴巴

井灶若薄弱，而嘴唇也掀開，像合不攏似的，表示運勢不太理想，有每況愈下的情形，經常會在關鍵時刻出錯，而必須要奔波勞碌，事情才能有轉機出現。

十四、男性久病纏身的面相

1. 耳朵、眼睛

耳朵的部分若是呈現青色，或是黑色的話，表示體質不佳，腎功能需要注意，若眼睛又呈現黃色的話，表示肝臟解毒功能有問題，恐怕會引發疾病。

2. 淚堂、奸門

淚堂的位置若浮腫，奸門也凹陷枯槁的話，表示生理機能出現問題，不可以熬夜或過度操勞，腎功能需要注意，才不會引發疾病。

3. 顴骨、年壽

顴骨若呈現赤黑色，又年壽的色澤灰黑，表示生理機能有問題，腸胃方面也需要注意，要節制飲食起居。

4. 面容、嘴唇

面容若憔悴泛黃，又嘴唇發紫發黑的話，表示營養不良，或是肝臟解毒功能出現問題，要立刻調養治療，以免引發相關疾病。

十五、男性婚姻出軌的面相

1. 山根

山根的位置若出現青、白參雜的氣色，又有斑點或惡痣的話，表示為人意志力薄弱，易受到誘惑而出軌，生活容易奢侈浪費，有把錢花在異性身上的情況，對配偶的要求通常不理不睬。

2. 眼弦、魚尾

眼弦若出現青色，眼神浮動有點失神的感覺，加上魚尾的部分色澤昏黯，或者有斑點出現的話，表示心神不寧，有走濫桃花的現象，可能有婚外情，或是私下跟眾多異性交往，性生活較不節制。

3. 魚尾、奸門

魚尾部位有痣的話，又奸門也有痣的話，表示夫妻感情不合睦，時常有爭吵的現象，性生活不協調，男性會有另結新歡的現象，而且容易一犯再犯，不懂得節制。

十六、男性配偶早亡的面相

1. 眉毛、天倉

眉毛出現中斷或是斷斷續續的情況，表示跟六親無緣，家人聚少離多，會有生離死別的可能，天倉出現赤色，表示夫妻之間緣薄，若配偶不幸早亡，很容易變得孤僻，很少跟子女同住，不太願意跟人往來。

2. 淚堂、山根

淚堂枯槁又呈現黑色的話，表示生兒育女較少，或是跟配偶關係不親密，彼此的緣分較薄弱，又山根位置低陷，出現斑點或惡痣時，感情肯定不融洽，會爲了生活而煩惱，配偶會比較辛苦操勞，而有積勞成疾的現象。

3.奸門、年壽、人中

奸門出現雜紋，又年壽凹陷，表示跟配偶關係疏遠，彼此不是很親密，對方的體質不佳，會有身體的問題，人中歪斜的話，表示老年無伴，配偶有可能離異或是早亡。

十七、男性招致意外的面相

1. 驛馬、山林

驛馬的位置若出現雜紋，表示旅行運不佳，不適合出遠門，或到異鄉去發展，要注意安全，才不會發生意外，而山林呈現赤色，表示要注意災厄降臨，不要獨自去登山或是戲水，以免造成遺憾。

2. 印堂、山根

印堂若出現赤紅色，表示生命有危險，出門要注意血光之災，旅遊也要加倍留意，又山根的部分發青，表示會遇到刁難阻礙，身心容易操勞，身體可能會出現問題，要懂得休息調養才好。

3. 耳朵、年壽

耳朵的耳骨有斑點或惡痣，表示容易遇到倒楣的事情，出門在外要小心注意，不要太過招搖，年壽有橫紋經過，表示會有意外災害發生，要特別的注意，不要從事冒險刺激的活動。

十八、男性暴力虐妻的面相

1. 額頭

額頭若狹窄突出，但皮膚卻像繃緊一樣，表示爲人見識不足，自以爲是，對待別人冷酷無情，不太容易親近，對配偶態度比較急躁，欠缺包容的心態。

2. 眉稜骨、顴骨

眉稜骨若突出，但是卻無肉包覆，而顴骨削尖，甚至於外張的話，爲人處事比較霸道，不喜歡受他人約束，比較我行我素，會去侵犯別人的權益，嚴重者，會犯下罪行，但卻不悔改。對於配偶若有不滿，會破口大罵，甚至於拳動腳相向，有暴力的傾向。

3.山根、淚堂

山根若出現斜紋，又淚堂薄弱，表示夫妻感情不合睦，男性會有很多煩惱，卻找不到人來發洩，會把氣出在另一半身上，嚴重者，雙方可能會離異。

4.奸門、眼睛

奸門若是灰黑色，又眼睛突出的話，表示爲人沒有耐性，非常的急躁，對另一半要求會比較嚴苛，不滿意的話，就會破口大罵，若對方回嘴，有可能拳腳相向，造成雙方掛彩。

十九、男性喪偶成鰥的面相

1. 山根、奸門

山根的部分低陷，又出現雜紋的話，表示事業的企圖心不強，經濟的收入有限，配偶的條件不是很理想，彼此會爲了家庭生計奔波，對方有可能因此積勞成疾，而提早離開人世。奸門低陷的話，表示夫妻的緣分較薄，有聚少離多的現象。

2. 年壽

年壽若有橫紋出現，色澤又灰黑的話，表示中年運勢不佳，很容易破財耗損，跟另一半的感情不佳，會爲了金錢而爭吵，對方不是選擇離開，就是因爲操勞過度，或是發生意外而往生。

3. 準頭、酒池

準頭若低陷，又酒池的位置有惡痣，表示夫妻的緣分薄弱，加上愛花天酒地，讓異性不敢接近，而遲遲沒辦法結婚，或是婚後不負家庭責任，配偶一氣之下選擇離開。

肆、命相缺陷帶災難，事與願違徒辛勞（二）

肆、命相缺陷帶災難，事與願違徒辛勞(二)

一、女性紅杏出牆的面相

1. 眼睛

眼睛有三白眼或四白眼的話，那麼就有可能因外遇而出軌，而且是主動紅杏出牆，非他人加以引誘，所謂三白眼、四白眼，就是眼睛黑色瞳孔部分被眼白給包圍起來，給人厲害而且難以接近的感覺。

2. 眼弦、魚尾

眼弦的部分若呈現青色，但魚尾的部分卻呈現紅色的話，表示有桃花的傾向，但多半是不正常關係的桃花，若未婚者表示有地下情人，已婚者表示有外遇。

3.年上、顴骨

年上的位置在鼻樑上，這個地方跟顴骨之間，若有鮮紅色的膚色呈現，表示最近有跟人私下幽會，感情生活比較複雜，而且行動上會比較主動積極。

4.山根、奸門

山根若有斑點的話，加上奸門的位置突出，表示忍耐力不佳，容易受到他人誘惑，而又非常重視感情生活，常常會與異性接觸，很容易有外遇。

二、女性勞碌無福的面相

1. 眼睛、面色

眼睛妖艷像會勾引人似的，但面容的氣色卻是白裡透青色，有點慘白發青的臉，表示為人精明能幹，但卻沒有貴人幫助，凡事需要親自動手做。

2. 腋毛、腰部

沒有腋毛，加上腰部非常的細，像蜜蜂那樣的話，表示沒有靠山，凡事需要辛勤工作，才能有所收穫，欠缺額外的幫助。

3. 皮膚、胸部

皮膚的顏色光澤細白，但胸部卻向前傾，有

點駝背的樣態，表示此人非常辛勞，一刻也不得休息，負擔會比較沉重。

4. 額頭

額頭太過寬廣的話，爲人精明幹練，凡事喜歡掌握大權，若又額頭突出的話，表示個性強悍，有馭夫的傾向，但處理事情卻非常草率，沒有辦法一次辦妥，需要反反覆覆才能收效。

三、女性孤僻難處的面相

1. 眉毛、山根

眉毛若壓眼的話，表示個性急躁、沒有耐性，所以人際關係會比較不好，加上山根的部分低陷，表示缺乏主見，容易受人影響，而後又害怕被拖累，所以不敢跟人深入交往。

2. 眼睛、淚堂

眼睛若是呈凹陷下去的樣子，表示人際關係較差，與親戚朋友較少往來，而淚堂氣色又不佳的話，表示與子女無緣，彼此較少聯絡，也不會跟子女同住。

3. 年壽、鼻翼

年壽的位置在鼻樑上，若呈現灰黑色的氣色，又鼻翼的部分朝天，鼻孔有外露的現象，表示與配偶較無緣分，經濟也不太好，容易陷入困境當中，晚年比較沒有人願意伸出援手。

4. 年上、人中

年上位於鼻樑上，這個地方若隆起有結的話，表示為人心術不正，常算計周遭朋友，說話不誠實，而被其他人拒絕往來，容易形成孤僻，加上人中歪斜的話，表示無法獲得子女的認同，經濟沒有支助。

四、女性子女無緣的面相

1. 山根、奸門

山根若有明顯的橫紋，加上奸門的部分低陷，表示婚姻生活不是很理想，夫妻之間感情不睦，會比較不願意生育子女，或不管教子女，與子女感情不親密。

2. 淚堂

淚堂的部分若低陷，或是色氣不佳，又佈滿橫紋的話，表示子女的數量不多，就算有的話，也不懂得飲水思源、孝順回饋，甚至會有忤逆的情況發生。

3. 年壽

年壽的部分，也就是鼻樑的位置，若有直紋出現，而且延伸至山根的話，表示財源收入不穩定，經濟不佳，養兒育女較爲困難。

4. 人中

人中不夠深長，反倒是平淺短小，表示生育能力不佳，不容易受孕，可能需要領養子女，若有子女的話，大多溝通不良，會有代溝產生，不太容易管教，親情緣分較薄。

五、女性偷雞摸狗的面相

1.眼弦、瞳孔

眼弦的附近若有長痣的話，表示人際糾紛較多，很容易跟人斤斤計較，若加上瞳孔歪斜，眼神看起來不正的話，則表示心思深沉但浮躁，比較會動歪腦筋，來算計他人。

2.頭低、眼斜

看見他人的時候，打招呼都是頭低低的，不敢正視著對方，像是做了虧心事一樣，這種行為舉止，有時候是害羞，但若每次都如此，且不苟言笑的話，表示為人冷漠無情，喜歡暗中窺探他人隱私，等待時機來獲取利益。

3. 鼻小、唇薄

鼻小的話，表示沒有主見，容易受他人的影響，有作姦犯科的可能，若加上嘴唇很薄的話，表示心胸狹小，講話尖酸苛薄，不是能夠交往的朋友。

4. 顴骨、嘴巴

兩邊顴骨不明顯的話，表示沒有朋友扶助，而且沒辦法主導情勢，只能聽命於人，若嘴巴又削尖如吹火，表示容易犯口舌是非，常常禍從口出，而且有犯官司的可能。

六、女性心思不正的面相

1. 笑聲

笑聲是表示一個人心思的看法，女性若喜歡冷笑的話，但又不是針對某事而笑，有事沒事就發笑，多半心裡有詭計盤算，或是不自覺的流露出，此人有某些壞習慣，但不喜歡人家發現。

2. 雙眼、顴骨

雙眼若突出的話，表示個性急躁、脾氣火爆，動不動會跟人家吵架，並且使用激烈的手段，若顴骨也突出，而且削尖的話，那麼爲人更是強勢，而且心狠手辣，甚至會出賣朋友。

3. 鼻樑

鼻樑若有起結突出的話，表示爲人不誠實，會經常說謊，而且重視個人利益，不顧他人的感受，若鼻頭又如鷹喙倒勾的話，那麼城府頗深，心機很重，會有陷害他人的意圖，最好不要跟這種人做朋友。

4. 唇薄

唇薄的人比較無情，而且行事比較冷靜，因此若有人不小心得罪他，輕者，會出言諷刺譏笑，重者，會當街怒罵，甚至於使出撒手鐧。

七、女性配偶早亡的面相

1. 山根、奸門

山根表示事業的基礎，也是觀看另一半的位置，若有低陷、疤痕或惡痣的話，表示較沒有依靠，配偶的條件不是很理想，不是離婚的話，就是很早離開人世，若奸門的部分凹陷，而又呈現灰黑的氣色，那麼情況會更佳明顯，多半無法跟配偶白頭偕老。

2. 年壽

年壽的位置凹陷，表示缺乏經濟支柱，若有呈現灰黑的色澤，表示配偶很可能英年早逝，只剩下自己孤單一人。

3. 法令

法令紋若斷斷續續，而且有彎曲開叉的現象，也多半表示配偶不幸身亡，沒辦法長年陪伴在身邊。

八、女性月事已來的面相

1. 眉毛

眉毛的前端若翹起，色澤帶點油膩黑亮，就表示月經來潮。

2. 淚堂

淚堂的部分若色澤紅潤，表示月經正常，若灰黯的話，表示月經不順，而淚堂凹陷枯槁的話，表示月經漸漸減少，或已經沒有月經。

3. 人中

人中的部位象徵子宮，出現赤紅色的話，表示經期不順，流量時多時少。

九、女性流落風塵的面相

1. 口笑、眼笑

眼睛媚態像勾引男人似的，水汪汪的好像會笑一樣，加上嘴巴時常合不攏，有事沒事就發笑，好像在嘻鬧一樣，表示為人不重視貞操觀念，喜歡物質享受，常跟不同異性交往，性生活隨便。

2. 手指、手掌

手掌、手指軟綿綿的，好像沒有什麼骨頭一樣，若又細皮嫩肉的，在古代的話多半是青樓女子，流落風塵的象徵，但現今女性地位提高，不用依附男性，除了出賣靈肉的可能外，也表示貪圖享受，喜歡追求物質生活，對感情抱持的心態像遊戲一樣，有腳踏多條船的傾向，算得上是八面玲瓏社交名媛。

3. 腰、臀

腰部若過細的話，表示比較沒有福分，容易爲經濟煩惱，所以容易追求物質生活，受不了外在的誘惑，又臀部走路時，過度的搖搖擺擺，代表異性緣不錯，但性慾方面，則會有慾求不滿的現象。

十、女性奪人夫婿的面相

1.額頭、耳朵

額頭若過低的話，表示思慮不周，判斷能力不佳，對感情會比較執著，有外遇發生的話，往往不能夠輕易收手，常常介入他人的婚姻。耳朵若是外翻的話，表示不遵守傳統禮教，重視自我主張，感情會採取極端的做法，容易跟有婦之夫，或其他單身異性，有較密切的往來。

2.眉毛、山根

眉毛若過細的話，表示個性比較軟弱，感情容易受人影響，若投入的話，就會不顧一切付出，不管對方是不是欺騙自己，常有三角戀愛的困擾，又山根部位過細，表示沒有主見，缺乏事業企圖心，經濟基礎不夠穩固，會有依賴男性的傾向，而造成第三者的情況。

3. 鼻樑、魚尾

鼻樑若比較低陷，不夠高聳隆起，表示比較沒有主見，容易受他人的影響，對於異性的挑選上，標準不是很嚴苛，若加上魚尾紋雜亂的話，表示同時跟多位異性往來，而且有親密關係，但感情始終安定不下來。

4. 顴骨、準頭

顴骨若不明顯的話，表示人際關係較差，很少跟人互動，很難主導團隊的事情，若加上準頭又小的話，表示經濟條件差，挑選異性沒有標準可言，感情會比較隨便投入，而產生許多糾紛。

5. 嘴唇、地閣

嘴唇若薄的話，加上有合不攏嘴的情況，表示感情交往混亂，而且都不是很認眞，只是抱持遊戲的心態而已，若地閣有尖削不飽滿的話，表示行為不能獲得他人認同，有自私自利的傾向，只喜歡追求物質享受。

十一、女性遭逢家暴的面相

1. 眼睛、山根

眼睛若一邊大、一邊小，感情婚姻通常都不是很順利，若女性是左眼大、右眼小的話，表示另一半很強勢，而且處處會受到對方阻礙，而沒辦法順利開展，若反抗的話，還可能與對方惡言相向或慘遭修理。若山根的部位又低陷，表示膽量會比較小，凡事聽命於另一半，而沒有自己的主張見解。

2. 眉毛、顴骨

眉毛若跟眼睛太近，形成眉壓眼的情況，表示人際關係緊張，容易受到他人的壓迫，另一半對自己也是如此，要求會比較嚴苛，若顴骨又長得高的話，表示想要奪夫權，夫妻彼此間將產生摩擦，嚴重的話，對方會動手打人、暴力相向。

3.顴骨、奸門

顴骨沒有肉來包覆，而很明顯突出的話，表示配偶個性比較暴躁，脾氣不是很好，容易變成對方的出氣筒，加上奸門又低陷，表示夫妻感情不合睦，容易有摩擦衝突，若嚴重的話，有可能拳腳相向。

4.田宅、淚堂

田宅宮位於眉毛跟眼睛之間，若這裡呈現浮腫的話，又淚堂的色澤昏黯，表示夫妻間閨房失和，感情不是很融洽，時常有衝突發生。

十二、女性爲情所困的面相

1. 山根

山根的位置若色澤爲青白色，而且又出現斑點的話，表示對感情很執著，非常的死心眼，但又不敢大膽行動，只能胡思亂想，有患相思病的可能。

2. 眼弦、魚尾

眼弦若泛赤紅色的話，表示春心蕩漾，陷入感情漩渦當中，很容易被異性給勾引，但魚尾部分若呈現青色，表示過程進行得不是很順利，或遇到阻礙壓力，而有煩惱困惑的現象。

3. 奸門

奸門的部分若有惡痣或斑點產生，表示感情

婚姻不是很順利，跟另一半容易溝通不良，彼此會有心結產生，而沒辦法相處得很愉快。

4. 準頭、鼻翼、顴骨

準頭或鼻翼出現黑斑或粉刺，表示感情生活容易起伏，常替另一半操心煩惱，但對方通常都不領情，若顴骨又泛紅的話，表示彼此之間溝通不易，自己有很多話想說，但最後都沒有機會說，顯得非常的苦惱。

十三、女性凶悍潑婦的面相

1. 眼睛、顴骨

眼睛非常大，而且有突出的現象，表示脾氣暴躁，做事情非常衝動，加上顴骨外張尖削，又沒有肉包覆的話，那麼很喜歡掌大權，好與人爭奪利益，因此會有嚴重的口角，還可能拳腳相向，惹上官司是非。

2. 鼻子、嘴唇

鼻樑若有起結突起的話，爲人重視利益，而且不惜說謊欺騙，不是很誠實的人，加上準頭如鷹勾鼻的話，那麼更是心機深沉，常常暗中算計他人，來滿足自己的私慾，而嘴巴形狀如吹火般突出，表示得理不饒人，會有咄咄逼人的態勢，說話尖酸刻薄，不惜與人發生衝突。

3.臉形、聲音

臉形若外張如老虎臉一樣，表示個性凶悍，喜歡掌權，會要配偶讓她三分，甚至直接發號師令，而聲音又沙啞像男性的話，那麼行為舉止更是誇張魯莽，跟人家產生衝突的機會就增多。

十四、女性所嫁非人的面相

1. 額頭、耳朵

額頭比較低的話，表示不是很聰明，對事情的反應較慢，處理手腕不是很圓融，教育程度相對的也可能較差，因此選擇對象的時候，比較不能夠精明的判斷，若耳朵又反背外翻的話，更是無法循規蹈矩，感情婚姻有衝動行事，不按牌理出牌的情況，通常會早婚或未婚生子，配偶的條件也較差。

2. 眼神、顴骨

眼神不是很犀利，反而是像死魚一樣的話，表示爲人沒有企圖心，腦筋也比較死板，對於感情婚姻不是很有規畫，常常會因判斷錯誤，而懊惱不已，顴骨又平平的話，表示比較操心勞碌，會替另一半擔心受怕，但對方卻不懂得感恩回報。

3.鼻樑、準頭

鼻樑若細小，加上準頭也小的話，表示配偶的條件不是很理想，在經濟能力上需要加強，否則會因為現實生活而起衝突，自己會比較操心勞累。

4.鼻翼

鼻翼的部分若不明顯，或是很薄很小的話，表示理財能力不佳，配偶也不善理財，若外翻看見鼻孔的話，那情況更是明顯，配偶容易花錢浪費，生活有奢侈的情況，有可能舉債度日，經濟情況比較拮据。

十五、女性疾病纏身的面相

1. 淚堂

淚堂的部分深陷，像是凹下去的感覺，加上色澤昏黯，表示睡眠不是很充足，生理情況不佳，容易有婦女病的困擾。

2. 顴骨、仙庫

顴骨的地方下垂，而仙庫的位置出現斑紋，表示體質較差，生理機能不佳，也很容易產生婦女病。

3. 人中、嘴唇

人中歪斜或有惡痣，表示子宮容易出問題，甚至有腫瘤的情況，而嘴唇若歪斜發白的話，也表示容易有婦女疾病。

十六、女性通姦偷人的面相

1.山根、魚尾

山根的位置若呈現青色，而魚尾的部位同時是紅色的話，表示最近有濫桃花的情況，或有不正常的男女關係，容易有外遇出軌的情況。

2.眼弦、奸門

眼弦的部分有青色，而奸門也是青色的話，表示最近心思浮動，有思春的徵兆，對性慾比較有需求，容易被人誘惑，而有出軌的情況發生。

3.眼尾

眼尾附近有粉紅色或青色同時出現的情況，加上有痣的話，表示爲人愛賣弄風騷，對異性念念不忘，比較不甘於寂寞，會成爲他人的第三者，或有婚外情的情況發生。

十七、女性夫兒緣薄的面相

1. 眉毛、天庭

眉毛不完整，而且中間有間斷的話，表示跟親人較無緣、朋友少幫助，凡事需要靠自己，過程會滿辛苦勞累的，加上天庭氣色黑黯，那表示事業一無所獲，沒有貴人可以幫忙，丈夫會比較早過世。

2. 淚堂

淚堂氣色不佳，而且昏黯無光澤的話，表示較難生兒育女，跟子女容易有代溝，彼此關係不是很親密，若有雜紋出現的話，子女要注意安全，以免發生危險意外，造成永遠的遺憾。

3. 年上、壽上

年上、壽上色澤灰黯發黑，又呈現凹陷的樣子，表示跟丈夫較無緣，對方會比較早離開人世，自己容易守寡，沒有兒女承歡膝下。

4. 法令、人中

法令紋分叉不全，人中部位氣色不佳，或是有疤痕、惡痣的話，表示跟子女無緣，自己不能生育，或是領養的子女不孝順。

十八、女性夭折短壽的面相

1.耳骨、山根

耳骨上面有惡痣的話，表示爲人個性叛逆，做事情又衝動，所以容易發生意外，山根的部分有赤筋劃斷，表示健康不佳，災禍連綿不斷，要注意安全。

2.驛馬

驛馬的位置在髮際的兩側，若有疤痕或赤紅色顯現的話，表示出外容易有阻礙，尤其是去遠方旅行，要注意危險意外，才不會發生客死異鄉的不幸。

3.年壽、準頭

年壽有橫紋出現，而且非常明顯的話，近期要注意災禍，又準頭雜紋叢生，色澤也灰黑黯沉，要注意自身安全，不然恐怕無法長壽。

十九、女性喪偶守寡的面相

1. 山根、奸門

山根若出現橫紋的話，表示一生坎坷、奔波勞碌，沒辦法享清福，配偶的條件不是很理想，需要經濟的支持，若奸門也有雜紋的話，表示夫妻緣分較薄，相處的時間少，或是配偶很早就離開人世。

2. 年上、壽上

年上、壽上的位置，若色澤灰黑不光亮，形狀又不尖挺，反倒像凹陷的話，表示容易無依無靠，做事情會比較辛勞，但收穫卻不是很多，也不太能與配偶白頭偕老。

3. 法令、嘴唇

法令紋開叉或斷斷續續的話，表示跟丈夫的關係不佳，彼此不是很親密，若嘴唇又呈現黑紫色的話，表示晚年運辛苦，配偶的助力少，有可能是守寡的情況。

二十、女性言謊虛假的面相

1. 眼睛

眼睛一邊大、一邊小的話，表示爲人雙重個性，性情起伏不定，充滿了情緒化，不希望讓他人知道自己的隱私，會想辦法掩飾自己，若是右眼大、左眼小的女性，表示自我意識高漲，不把配偶放在眼裡，回話會有敷衍了事的現象。

2. 顴骨、鼻樑

顴骨若尖削的話，表示個性剛強，不太願意服輸，凡事會爭取主導地位，加上鼻樑尖削像刀一樣的話，爲人較冷漠無情，說話大多不誠實，跟配偶容易有說謊的現象。

3.準頭、鼻翼

準頭尖尖的突出，若又有點勾的話，表示為人心機深沉，警戒心很重，不太會相信他人，疑神疑鬼的神經質，說話會語帶保留，若鼻翼又薄弱無肉，表示做人易走極端。

4.嘴巴

嘴唇若薄的話，表示對人比較不熱情，凡事會冷眼旁觀，不太願意介入，或者讓其他人打擾自己的生活，但若嘴巴形狀如吹火般的話，容易泛口舌是非，常跟人糾纏不清，讓別人非常討厭。

伍、命運薄缺何其多，且看下面說分曉（二）

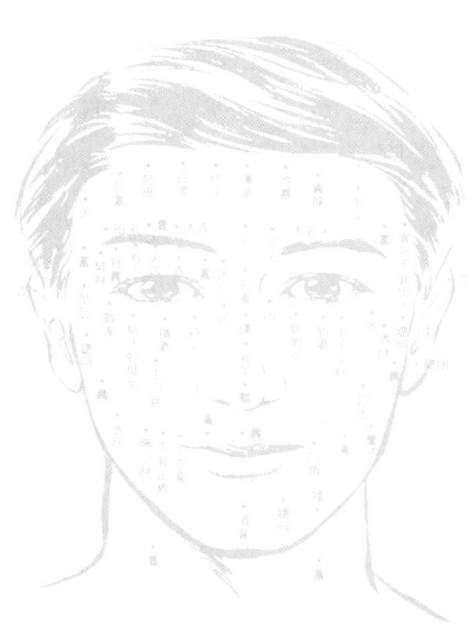

伍、命運薄缺何其多，且看下面說分曉(一)

一、春季招惹無妄之災的面相

1. 右顴

臉部右邊的顴骨若出現黯黑的氣色，表示容易遇到災禍，多半都是事業上的問題，很可能被公司資遣，不然就是犯了過錯被公司開除，或者是自行創業，卻因爲經營不善，無法帶領部屬，甚至被對方拖累，而面臨倒閉的命運。

2. 命門

命門若出現紅色的斑點，表示容易遇到災厄，出門的時候要注意交通安全，以避免發生車禍意外，或是工作的時候，要注意機器操作，才能避免傷害發生。住家方面，要注意瓦斯或電器的使用，才不會引發火災，造成財產生命的損失。

3. 奸門

奸門的位置若出現赤紅色、灰黑色交雜的情況，表示配偶容易遇到遭厄，要對方最近小心一點，來提防意外發生，盡量少去危險的公共場所，或是深夜獨自出遊，才能確保生命安全。

二、夏季招惹無妄之災的面相

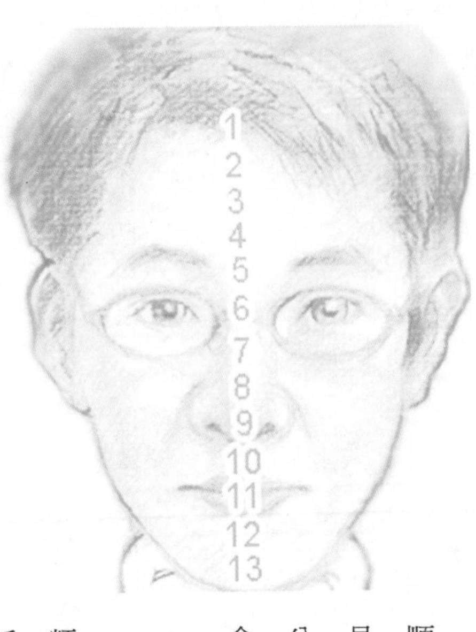

1. 天庭

天庭的位置若出現赤紅色，表示事業非常不順，有被拖累的可能，要注意契約的簽訂，或是員工的做爲，才不會到時候發生差錯，而有對簿公堂的情況，官司訴訟多半對你不利，敗訴的機會很大。

2. 氣色

臉部氣色非常糟糕，呈現灰黑色的話，又有類似脫皮掉屑的現象，表示最近諸事不順，運勢低落，很可能遇到他人強行搶劫，而有損失財物或受傷的可能，出門時要多加注意，金錢盡量不要露白。

3. 日月角

日月角的位置，若出現黑色的氣色，表示家裡面發生了問題，多半跟父母親有關聯，可能是疾病纏身，或是有其他的變故，應該趕快前往探視。

三、秋季招惹無妄之災的面相

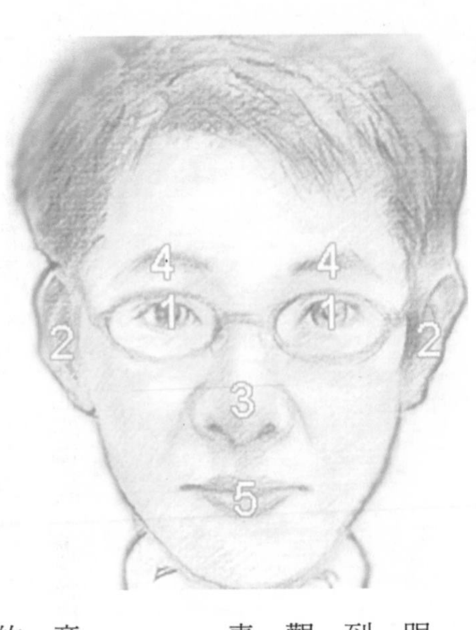

1.左顴

左邊的顴骨若有赤紅色，表示事業不順利，跟人往來要注意，才不會被對方設計陷害，影響到自己的事業前途。投資理財方面，不要過度樂觀，而投入大量資金，很可能發生無法預期的因素，導致血本無歸的情況。

2.命門

命門的位置若出現赤紅色的斑點，表示要注意火災，盡量不要去危險的公共場所，或密閉式的空間，或者使用火源、電器用品要注意，才不會引發火災，造成財產生命的損失。

3. 奸門

奸門的位置若氣色欠佳，呈現灰黑的情況，表示配偶容易發生意外危險，而讓你非常擔憂害怕，有拖累你的情況發生，因此要叮嚀對方多注意交通安全，盡量不要深夜出門，才能確保不受到傷害。

四、冬季招惹無妄之災的面相

1.口唇

嘴唇出現黑紫色的情況，表示生理機能出現問題，要趕快到醫院檢查治療，以避免身體受到損害。平常飲食要注意清潔衛生，交際應酬要有所節制，才不會有食物中毒，或是腸胃疾病的發生。

2.地閣

地閣的位置若出現赤紅色或斑點，表示自己犯官司小人，最近很可能被朋友拖累，或是跟人發生衝突，而必須要上法院裁決，但情況多半對自己不利，官司很可能會敗訴，而必須支付大筆費用。

3. 奴僕

奴僕的位置若出現赤紅色或斑點，表示會有激烈的口角衝突，多半是主管跟部屬的溝通有問題，任務無法順利執行，或資方跟勞方的問題，恐怕會越演越烈，若無法協調的話，很可能要上法院來裁決。

五、私通他人老婆的面相

1.山根

山根的位置若有青色、白色的斑點，表示為人性生活頻繁，同時跟許多異性有勾搭，通常有可能跟別人老婆私通，有外遇偷情的情況。

2.魚尾、奸門

魚尾的位置若紋路多，表示異性緣非常不錯，能夠吸引很多異性，會有桃花情事發生，若奸門的位置突出，表示情慾強烈、慾求不滿，因此很容易出軌。

3.三白眼、四白眼

眼睛是三白眼或四白眼的話，表示為人心機深沉，貪圖利益享受，很容易被人用物質給勾引，或是主動去勾搭其他異性，所以會有桃色糾紛的情況。

六、易受感情困擾的面相

1. 山根

山根的位置出現青色，又有斜紋的話，表示感情遇到阻礙，沒辦法順利進行，會非常迷戀某位異性，但是付諸行動卻沒有結果，有自尋煩惱的困擾出現，因此有爲情所困的可能。

2. 淚堂

淚堂尾端有青點，表示情慾不滿足，想要尋找交往的伴侶，但是卻苦無對策，不知道如何跟異性表達，而有煩惱困擾的現象。

3. 眼弦

眼弦有赤色斑點，或是青色斑點的話，表示自己的心思不定，容易受到異性的引誘，但是由於桃花眾多，很容易三心二意，不知道如何去挑選，所以會有煩惱的情況出現。

4. 奸門

奸門的位置若呈現青色，又凹陷不明顯的話，表示異性緣不佳，沒有什麼知心的伴侶，追求行動多半失敗，只能苦苦等待，見到情侶會既羨慕又嫉妒，而有煩惱痛苦的情況。

七、勾搭別人老公私通的面相

1. 山根

山根的位置若出現雜亂紋路，又氣色青白相間的話，表示為人心思不定、感情複雜，同時跟多位異性交往，婚後又不甘寂寞，會想找人訴說心聲，所以容易被異性給引誘，而有婚外情的情況。

2. 眉上

眉毛尾端有惡痣或斑點的話，表示感情不順利，常常遇到阻礙，婚後跟老公感情失和，經常有爭吵的現象，會顯得非常孤獨空虛，想要尋求溫暖的懷抱，若有其他異性趁虛而入，很可能就會紅杏出牆。

3. 奸門

奸門的位置有青筋出現，而且青色向外分佈的話，表示桃花緣衆多，感情不夠忠貞，很容易受到異性引誘，而私下跟人暗通款曲，但卻把另一半蒙在鼓裡，不會讓對方知道。

八、老婆早早辭世的面相

1. 眉毛

眉毛的長度若太短，或是眉毛有間斷的情況，表示感情運勢不是很理想，跟另一半的緣分較薄弱，此有聚少離多的情況，配偶有可能遭遇不測，而提早離開人世。

2. 山根

山根出現雜亂紋路，又氣色灰黑的話，表示另一半體弱多病，無法一同分擔家計，自己會比較辛苦勞累，事業開展會比較緩慢，配偶有可能因爲疾病，而提早離開人世。

3. 印堂、年壽

印堂的位置有八字紋出現，年壽凹陷且氣色灰黯，表示姻緣的薄弱，配偶沒辦法幫助你，甚至有拖累你的傾向，配偶的災禍較多，有可能因爲發生意外，而提早離開人世。

九、老婆離家出走的面相

1. 眉尾

眉尾部分下垂，又呈現分叉的話，表示夫妻感情失和，爭執吵鬧不斷，不懂得愛惜對方，凡事都推拖給配偶處理，對方會因此憤而離家出走，要想辦法改變自己的作風才好。

2. 山根

山根出現雜亂紋路，又呈現青色向下分佈，表示事業不得志，而夫妻為家中生計爭執，因此雙方會撕破臉，配偶不願意繼續幫助，會獨自離家出走。

3. 奸門：

奸門的位置若有青筋、青色浮現，表示夫妻感情不穩定，容易喜新厭舊，在外跟其他異性勾搭，不顧慮家庭與婚姻，讓配偶覺得無法諒解，因此離家走出，甚至有離婚的可能。

十、久病纏身不癒的面相

1.雙耳

兩邊的耳朵的氣色昏黯，而且色澤不明亮，表示生理機能有問題，多半是經常熬夜、睡眠不足，或是房事過度、長期憋尿等等情況，導致泌尿系統運作不正常，要趕快做健康檢查，或相關的治療。

2.淚堂、年壽

淚堂的位置若虛腫昏黯，年壽的部分又發黑的話，表示生理機能有毛病，而且因爲開過刀，或長期服用藥物，導致身體代謝機能有問題，因此要特別的注意飲食起居，以及定期健康檢查。

3.口唇

嘴唇的色澤呈現赤黑色，而且有枯乾的情況，表示生理機能有毛病，很可能是酒精中毒，或是藥物中毒的情況，要趕快去做檢查跟治療，才不會引發其他相關的疾病。

十一、家貧父母辛勞的面相

1. 額頭、地閣

額頭若太過狹窄偏斜，又地閣凹陷不飽滿的話，表示家庭背景較差，經濟拮据，父母親的教育程度低，從事較爲粗重勞力的工作，自己受到的栽培有限，幼年的生活不是很理想。

2. 田宅

田宅的位置若狹窄，又色氣灰黑的話，表示家中沒有田園、土地、建築物等財產，父母親的職業多半是勞動階級，不太懂得理財規畫，物質的享受有限。

3. 日月角

日月角的形狀尖凸，但位置卻高低不平均，表示父母親不是很和睦，家中繼承的產業可能變賣敗光，所以經濟情況較爲拮据，父母親容易奔波辛勞。

十二、父母親容易生病的面相

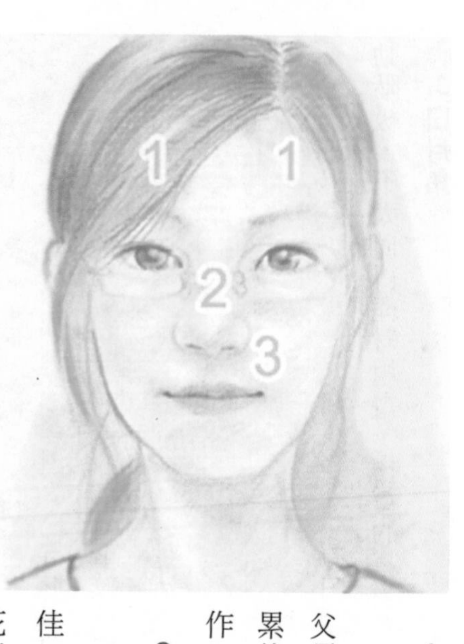

1. 日月角

日月角的位置凹陷，而且有黑色的氣色，表示父母親的運勢不佳，常常遇到無妄之災，而有被拖累的情況，身體也常常病痛纏身，沒辦法專心工作，爲人子女必須要特別的關心照顧。

2. 年上

年上枯黃或氣色灰黯，表示父母親的身體不佳，常常需要花錢看病，通常由自己負擔，還必須花時間陪伴，而有可能影響到正常的工作。

3. 法令

法令紋代表父母親，若紋路的顏色昏黯，表示父母親身體情況不佳，而且持續在生病中，左邊代表父親、右邊代表母親。

十三、爲人心腸惡毒的面相

1. 氣色、眼神

滿臉都是青筋、青色分佈，表示脾氣不是很好，容易因爲暴躁而惹事，而且很重視個人利益，很可能會不擇手段，若眼神又露出兇光，對人往往都直視的話，表示爲人霸道兇殘，應該少接近爲妙。

2. 冷笑、舌頭

平常獨處的時候，會低頭冷笑不說話，但是卻不知道爲何而笑，讓人摸不著頭緒，或者常常用舌頭舔嘴唇，這種人多半心機陰沉狡詐，常設計陷害他人，應該避免與之往來，才不會身受其

害。

3. 嘴唇、牙齒

嘴巴的形狀削尖突出，好像吹火的感覺一樣，而且牙齒的排列不整齊，表示心胸狹隘，見不得別人好，所以會出言諷刺、語氣尖酸刻薄，或者暗地裡中傷他人，要跟這種人保持距離才好。

十四、順手牽羊偷竊的面相

1. 眼神、體態

眼神不敢直視他人，而且左顧右盼的話，走路常回頭觀望，表示爲人心術不正、易走險路，會想要奪取他人財物，若遇到這種人出現時，要特別小心提防。

2. 眼弦

眼弦上下有惡痣的話，表示爲人重視物質享受，經不起外來誘惑，會處處想佔人家便宜，因此會設計陷害他人，或做出偷盜的行爲。

3. 顴骨

顴骨向外側橫張，走路又東張西望，表示爲人貪圖利益，花費沒有節制，會想要偷取別人的財物，或者是光天化日的行搶，來達到個人的慾望，而不顧法律道德的約束。

十五、遭人搶劫竊盜的面相

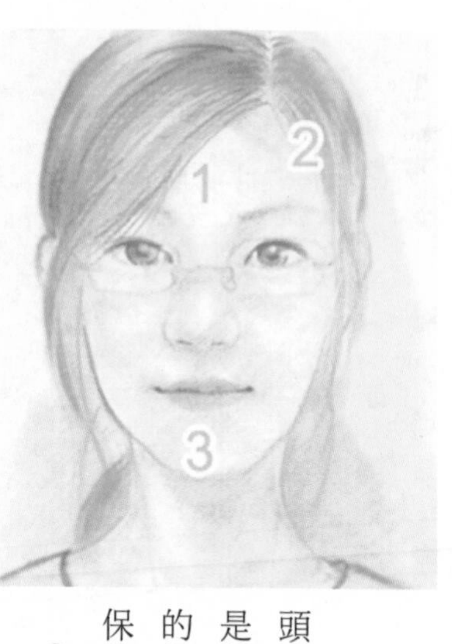

1. 天庭

天庭的色澤黯黑，而且膚質欠佳，表示自己楣運當頭，樣樣都不順利，出門在外恐怕會發生無妄之災，像是被人強行綁架，或是家中遭人入侵，而有財物或生命的損失，要特別的小心注意，最好是能去寺廟拜拜，以保佑平安無事。

2. 驛馬

驛馬的位置昏黯，或福堂的氣色赤紅的話，表示運氣不佳，要注意無妄之災的發生，若有旅行或遠行的話，要注意交通安全，或是飲食上的衛生，才能避免血光之災，或是食物中毒的情況

3. 地閣

地閣的色澤昏黯，又奴僕的部分呈現青色，表示運勢不理想，恐怕會被人給設計陷害，而損失金錢財物，或是出外與人發生爭執，遭到對方動手腳，而需要花錢消災。

十六、外出血光之災的面相

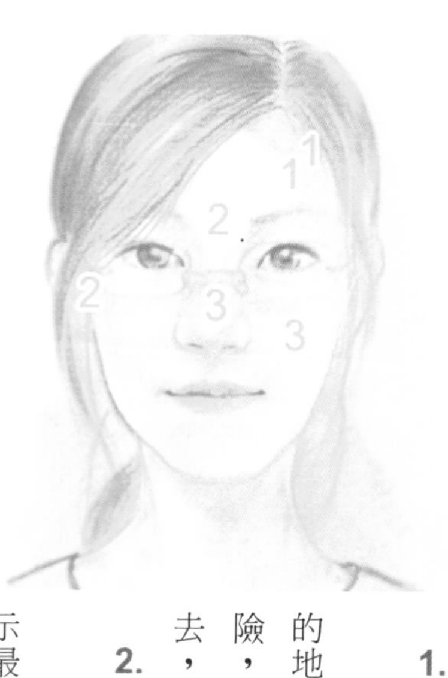

1. 山林、驛馬

山林的位置若氣色黯黑或赤紅，表示不適合到偏僻的地方，像是去登山或是釣魚、游泳，很可能會發生危險，若驛馬的位置也是如此，表示不可以出遊或到異鄉去，恐怕會有意外發生，而有血光之災。

2. 印堂、命門

印堂跟命門的位置，若有赤紅色的氣色或斑點，表示最近運勢不佳，出外要小心注意，特別是交通安全，以免發生意外危險，而損害身體健康。

3. 年壽、顴骨

年壽的位置若出現赤紅斑點，顴骨的氣色又赤紅的話，表示脾氣容易急躁，做事情欠缺考慮，所以會逞強衝動，以致於開車或走路不小心，而發生危險意外，不然就是與人發生爭鬥，而有掛彩的現象。

十七、住宅易生火災的面相

1. 臉部

臉上任何部位有赤紅色的斑點出現，表示該部位所代表的運勢欠佳，而且多半有臨時性的災禍發生，像是血光意外或是遭遇火災等等，要特別小心注意。

2. 準頭、中堂

準頭的位置若有赤紅色斑點，而且一直向上蔓延至中堂的話，表示會有災厄發生，讓你有破財損傷的情況，多半是住家會發生火災，要特別注意瓦斯跟電器用品的使用，才能確保居家平安。

十八、家業無法繼承的面相

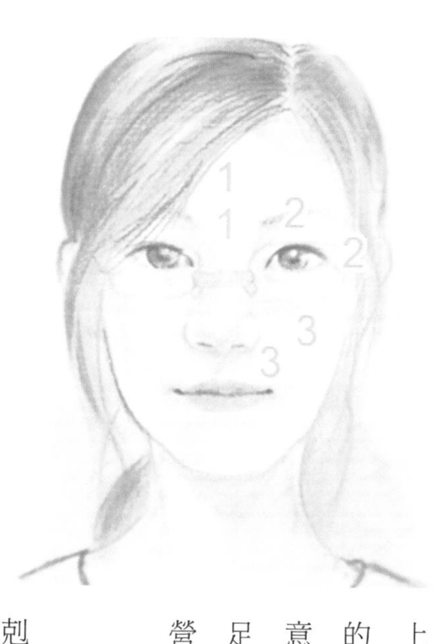

1.天庭、山根

天庭的位置若顯得狹窄，表示沒辦法獲得長上的餘蔭，有祖業的話會慢慢的沒落，本身受到的栽培有限，又山根的部分細尖，表示企圖心、意志力不足，雖然想繼承家業，但心有餘而力不足，恐怕沒辦法獨挑大樑，必須要跟人共同經營，否則有倒閉的可能。

2.天倉、眉毛

天倉的位置若因爲頭髮散亂，而有遮掩或沖剋的現象，表示本身累積的福德不夠，事業上缺乏貴人來幫助，凡事會比較辛苦勞累，有事倍功半的情況。若眉毛稀疏、尾端散亂的話，表示爲人個性急躁，欠缺思慮，凡事三分鐘熱度，沒辦法堅持到底，有奢侈浪費的現象，事業上不容易守成。

3. 顴骨、法令

顴骨的位置若突起尖削，表示作風強勢，但是缺乏彈性的手腕，以及良好的溝通技巧，沒辦法管理部屬，所以事業上很難獨當一面。法令紋的部分若彎曲不正，表示處事不公正，無法獲得衆人信服，因此事業開展有限。

十九、意外客死異鄉的面相

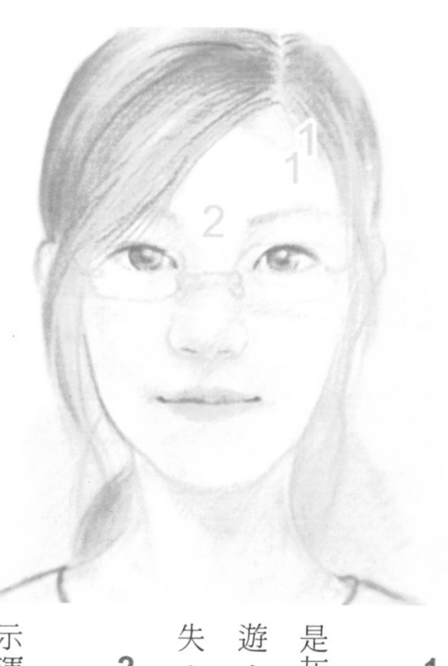

1. 山林、驛馬

山林跟驛馬的部分，若出現赤紅色的斑點，或是灰黑的氣色，表示不宜出遠門，或是到國外去旅遊，中途很可能發生危險意外，而有生命財產的損失，要特別注意才好。

2. 印堂

印堂若發黑的話，又灰黑的氣色向外擴散，表示運勢不妙、大禍臨頭的徵兆，凡事不宜輕舉妄動，應該要保守低調，又出門在外，要注意自身的安全，會有飛來的橫禍，盡量不要在外逗留，遠行應該多加考慮，能延後日期就延後。

二十、一世奔波勞碌的面相

1. 額頭

額頭的位置若有三條橫紋，但是卻彎彎曲曲或斷斷續續，表示凡事奔波勞碌，遇到阻礙需要親自出面處理，而沒有貴人可以幫助，因此事業上，升遷比較會有困難而顯得較慢。

2. 顴骨、準頭

顴骨的位置削尖，表示人際關係較差，沒辦法請求別人幫助，所以凡事會事必躬親，顯得非常的勞碌辛苦。準頭的位置又小，表示見識有限、判斷欠佳，投資理財會比較吃虧，所以必須要多費時間跟力氣，才能累積財富。

3. 手指、手掌

手指若顯得粗糙，又皮膚較硬的話，表示為人奔波勞碌，從事較為粗重的工作，社會地位不是很高。又手背的部分浮現青筋，表示個性較為急躁，一刻也閒不下來，有勞心勞力的傾向。

二十一、老婆容易生病的面相

1. 龍宮、奸門

龍宮的位置若氣色昏黯，表示配偶的體質欠佳，經常生病吃藥，要多加注意。若奸門氣色灰黑的話，表示彼此的個性不合，凡事都希望推給配偶處理，所以對方比較辛苦勞碌，因此常過度勞累而生病。

2. 凌雲、印堂

凌雲的位置出現惡痣，又印堂的部分有八字紋，表示家運每況愈下，配偶多半體弱多病，而維持家計的重擔就落在自己身上，所以會比較辛苦勞碌。

3. 年壽

年壽的位置若低陷，又色澤昏黯的話，表示配偶的體質欠佳，所以常常會過敏，不然就是生病需要看醫生，金錢的開銷很大，讓自己有點喘不過氣來。

二十二、錢財週轉不靈的面相

1. 顴骨、法令

顴骨的位置若呈現青色，表示最近事業不是很順利，恐怕會遇到阻礙，多半是有關於錢的問題，若法令紋也出現黑色，表示貴人運較差，沒有人可以幫助，就會發生週轉不靈的情況。

2. 鼻翼、準頭

鼻翼的位置若呈現灰黑的氣色，或準頭有青筋出現，表示最近財運不順利，投資很可能會失敗，盡量不要擴大投資，以免損失慘重。再者跟人借貸往來，很可能被其他人給拖累，而有破財的現象發生，要謹慎考慮才好。

3. 井灶

井灶有赤紅色或黑色的細紋出現，表示財富有所損失，很可能被人給拖累，不然就是自己太過招搖，而引起別人的覬覦，而有破財消災的情況，要特別小心注意。

二十三、容易成爲鰥夫的面相

1. 山根

山根的位置凹陷，而且氣色是黯黑的話，表示事業、財運的基礎薄弱，得不到好的配偶幫助，配偶不是條件較差，就是體弱多病的情況，讓自己沒辦法順利開展，配偶有可能提早離開人世。

2. 奸門

奸門的位置有雜亂紋路出現，又氣色呈現黑色的話，表示夫妻的緣分薄弱，彼此不是感情不好，就是聚少離多的情況，配偶還容易發生意外危險，而有提早過世的可能。

3. 年壽

年壽的位置凹陷，而且氣色是灰黑的，表示配偶對自己的幫助不大，還可能拖累自己，配偶的身體欠佳，有可能較早離開人事。

二十四、無法白頭偕老的面相

1. 眉尾、印堂

眉尾的部分雜亂，有交叉的現象，表示夫妻感情欠佳、家庭失和，有先離婚再娶的可能，或者印堂有八字紋的話，表示配偶因故很早就過世，而中老年的時候，會有第二春的伴侶。

2. 山根

山根若有橫紋出現，而且像是切斷鼻樑一樣，表示事業、財富基礎不佳，配偶很可能嫌棄自己而離去，自己會另外尋找對象再迎娶，但是條件都不是很理想。

3. 眼睛、奸門

眼睛的位置凹陷，又呈現三角形的話，表示缺乏主見，獲得六親的幫助較少，運勢不是很理想，又奸門的位置凹陷的話，跟配偶的關係不融洽，很容易發生爭吵，配偶會憤而離家出走，甚至於離婚收場。

二十五、遭遇老婆欺壓的面相

1. 山根、奸門

山根的位置沒有隆起，又奸門凹陷的話，表示沒有主見，人云亦云，容易受到朋友的影響，而處處以朋友優先，讓配偶心裡很不是滋味，會被配偶批評、責怪，但卻不敢回嘴反抗。

2. 眼睛

眼睛若呈現一大一小，而且是左眼小、右眼大的時候，表示有妻管嚴的現象，不敢隨便得罪配偶，凡

事會尊重配偶的意見，才能夠放心的去執行。

3. 顴骨

顴骨的部分若一邊大、一邊小，又剛好是右邊大、左邊小的話，表示個性比較急躁衝動，起伏不定，但由於本身缺乏威嚴，不敢對配偶任意使喚，表面上常發表意見，但私下卻很聽從配偶的指示，不然很有可能被配偶打罵。

陸、命運薄缺何其多，且看下面說分曉（二）

陸、命運薄缺何其多，且看下面說分曉(二)

二十六、容易出賣靈肉的面相

1. 臉部、聲音

臉部若氣色呈現青、白相雜的情況，又聲音非常輕柔嬌聲，非常嗲的話，表示運勢起伏不定，沒辦法自主獨立，會有依附他人的情況出現，但不一定會流落風塵，有時只是表示職業較爲低下而已。

2. 腰部、雙眼

腰部非常的纖細，好像要折斷一樣，表示先天運勢缺乏福祿，所以會比較辛苦勞累，經常爲謀三餐而煩惱，有不得已而下海的情況出現。但若雙眼斜視爲三白眼的話，表示爲人貪圖物質享受，心機十分深沉，會爲了滿足慾望而出賣靈肉。

3.魚尾、鼻孔

魚尾的位置若紋路雜亂，表示爲人感情複雜，多半三心二意，沒辦法安定下來，又鼻孔外露爲朝天鼻的話，表示投資理財能力差，對金錢的渴望高，常沒辦法滿足慾望，所以會有透支過度的現象，可能會利用肉體來賺取所需。

二十七、缺乏福氣好運的面相

1. 田宅

田宅的位置若凹陷，而且有疤痕或惡痣的話，表示沒有祖業遺留下來，所以沒辦法繼承，同時象徵投資理財的能力差，不懂得如何賺錢致富，所以沒辦法置產。有關土地、房屋的買賣，通常也會發生糾紛困擾。

2. 準頭、鼻翼

準頭的位置扁平，表示賺錢的能力不高，在投資理財時，眼光也不是很準確，所以往往累積不到什麼財富，還可能賠錢了事。又鼻翼外露爲朝天鼻的話，表示容易遭朋友影響拖累，而很難

守住財富。

3. 地閣、奴僕

地閣的位置偏斜且凹陷，表示運勢較爲薄弱，事業沒有什麼基礎，貴人運不旺盛，同時晚年生活也會比較辛苦，要懂得提前規畫才好。若僕役的位置灰黯又生瘡的話，表示生活陷入貧困，凡事會比較辛勞，沒有人可以伸出援手。

二十八、運差拖累老婆的面相

1.眉毛、凌雲

眉毛的位置若有間斷的現象，表示感情運勢不佳，夫妻之間緣薄，加上個性急躁，很可能會衝動行事，而拖累對方的情況發生。如果凌雲的位置有惡痣的話，情況將更爲明顯嚴重。

2.山根

山根的位置若偏斜，又鼻樑削尖像刀鋒一樣，表示爲人較爲孤僻，人際關係不佳，姻緣較爲薄弱，對配偶的條件很挑剔，但卻不容易找到理想的對象，配偶對自己沒什麼助力，反而還可能拖累配偶。

3.奸門、年壽

奸門的位置若凹陷的話，表示夫妻感情不合，常有爭執吵鬧的現象，又年壽的部分凹陷，表示缺乏擔當，配偶較爲辛勞忙碌，有拖累配偶的可能。

二十九、拳腳施暴欺負老婆的面相

1. 壽上

壽上的位置突起而且還起結的話，表示爲人個性陰沉、脾氣暴躁，不喜歡受人家的約束，處處會想要佔人家便宜，有不擇手段的傾向，對配偶不滿的話，會批評諷刺一番，嚴重的話，很可能會拳腳相向。

2. 眉稜骨、雙眼

眉稜骨的位置突起，又沒有肉包覆的話，表示個性急躁，欠缺考慮，遇到不滿的事情，就會直接發洩情緒，很容易波及到旁人，尤其是配偶。若眼睛又凸出的話，那表示作風強勢，不肯

退讓，衝突場面將更爲火爆。

3. 淚堂

淚堂的部分若薄弱，表示爲人不重視感情，行事比較直來直往，跟配偶的婚姻關係較差，對子女也疏於照顧，有可能爲了小事就跟配偶吵架，甚至鬧到離婚。

三十、兄弟姊妹早亡的面相

1. 耳朵

耳朵的形狀彎曲像波浪，又如果有疤痕或殘缺的話，表示家庭背景不理想，幼年生活多困苦，兄弟姊妹的緣分較薄，不是早年夭折，就是送人撫養，再不然就是孤兒的情況。

2. 眉稜骨

眉稜骨的位置若有雜亂紋路，表示爲人較爲孤僻高傲，兄弟姊妹緣分薄弱，家庭的親情較不親密，就算有兄弟姊妹的話，彼此也不常往來。

3. 眉毛

若長出白色的眉毛，表示兄弟姊妹體弱多病，很容易遭遇災禍，通常會很早就夭折，跟兄弟姊妹緣分薄弱。

三十一、無福家道中落的面相

1. 福堂

福堂的位置若凹陷，而且出現許多雜紋，表示先天的福德不足，沒辦法獲得長上的庇蔭，凡事會比較辛苦勞碌，然後才能有所得。若有祖業要繼承的話，也恐怕環境時運不濟，有心無力，沒辦法發揚光大，反而有變賣的情況。

2. 眉毛、田宅

眉毛的部分連成一線，使得印堂被沖剋，而有鎖印的現象，表示運勢沒辦法順利開展，處處受到限制，而且還容易發生災禍，而有被牽連拖累的可能，若有祖業要繼承的話，恐怕無法獨力自主，需要有人從旁輔助才行。

3.山根、準頭

山根的部分尖細，表示爲人缺乏主見、膽識不足，事業的企圖心不足，恐怕無法獨當一面，對於創業會顯得非常辛苦，若準頭的部分低垂，表示投資理財較差，對數字比較沒有概念，很容易因爲判斷錯誤，而招致嚴重的損失。

4.地閣

地閣的位置若凹陷或者偏斜的話，表示爲人人際關係欠佳，處事不夠成熟穩重，缺乏管理的能力，無法帶領部屬一起打拚奮鬥，若要開創或繼承事業，恐怕困難重重，充滿阻礙。

三十二、老來孤單寂寞的面相

1.山根、奸門

山根的位置尖細，若鼻樑又像刀一樣削尖的話，表示個性沉默寡言，不喜歡跟人往來互動，有刻意遠離人群的傾向。若奸門的部分凹陷，表示跟配偶關係不親密，彼此很少溝通，甚至會有分房的現象，老年會比較孤單寂寞。

2.淚堂、人中

淚堂的位置若有雜亂紋路，表示跟子女的緣分薄弱，恐怕沒辦法生兒育女，或是跟子女不親密，彼此很少往來互動。又人中的部分短淺，而且有惡痣的話，表示子女不但不孝順，還有忤逆的現象，有晚景淒涼的可能，要懂得事先規畫。

3.喉結、嘴巴

喉結的部分若特別凸出，又嘴巴的形狀像吹火般，表示為人愛搬弄是非，喜歡三姑六婆，很容易無形中得罪人，造成人際關係失和，因此若發生困難，別人通常不願意幫助，會有孤軍奮戰的情況。

三十三、衝動逞兇鬥狠的面相

1. 眉稜骨、眼神

眉稜骨的位置若突出，又沒有肉包覆的話，表示爲人愛逞兇鬥狠，不受管教約束，行事容易我行我素，經常有惹事生非的情況，需要別人幫忙收拾殘局，又眼神若露兇光的話，手段更是兇暴殘忍。

2. 臉形、脖子

臉形若像豺狼，又脖子非常粗的話，表示爲人脾氣暴躁、行事衝動，喜歡佔人家的便宜，而且會用爭奪的手段，不太能夠講道理，這種人應該要盡量遠離。

3. 顴骨、牙齒

顴骨的位置若向兩旁擴張，又能清楚見到腮骨的話，表示爲人霸道囂張，喜歡指使他人，不愛聽從建議，反而會出口傷人，或使用暴力的手段，跟這種人不能講誠信，要盡量避免接觸。

三十四、心存狡詐欺騙的面相

1. 鼻樑

鼻樑的部分若削尖似刀鋒，又臉部氣色呈現青色的話，表示爲人貪圖利益、居心叵測，對於想要的東西，或想達成的目的，會用盡各種手段來完成，容易發生過河拆橋的現象，要特別小心注意這種人。

2. 舌頭、牙齒

舌頭的前端爲尖形，又門牙的部分歪斜削尖，表示爲人舌燦蓮花，說話不切實際，會想要佔人家便宜，應該要避免跟對方交往。

3. 眼睛

眼睛的部分，若眼神不敢直視他人，通常是斜視的話，表示心術不正，有做虧心事的可能，又講話時無意間不斷用舌頭舔嘴唇，表示心機深沉、盤算設計，很可能想佔人家的便宜。

三十五、短視近利學薄的面相

1.眉毛

眉毛的位置雜亂交叉，而且眉尾的部分下垂的話，表示爲人短視近利、見識不足，做事情沒辦法貫徹到底，經常是三分鐘熱度，學習技能會半途而廢，沒辦法專精深入。

2.眼睛

眼睛的目光若無神，像是缺乏生氣一樣，表示爲人精神恍惚、行事間斷，沒辦法專注於某樣事物，容易被外界因素給吸引或影響，而造成心思散漫的情況。

3.法令

法令紋的部分，若紋路短細的話，表示爲人較缺乏主見，對事物的認識有限，判斷通常不夠深入，因此管理的能力不夠，凡事不足以獨當一面。

三十六、欠缺領導統御的面相

1. 中正、印堂

中正的位置若凹陷的話，表示缺乏貴人相助，事業運勢每況愈下，會有較多的阻礙困擾，不太適合當主管。印堂又顯得狹窄的話，表示爲人氣度狹隘，心胸不開闊，判斷上缺乏遠見，事業的格局有限，比較難升遷或當主管。

2. 山根、顴骨

山根的位置若細又窄，表示事業的基礎薄弱，缺乏額外的助力，凡事會比別人辛苦，又企圖心不足、忍耐力欠佳，無法承當重責大任。又顴骨的部分低平，表示人際關係較差，抗壓性也不好，比較不適合擔任管理的職位。

3.鼻樑、準頭

鼻樑的位置若削尖細長，像刀鋒一樣的話，表示爲人心機深沉，平常不愛跟人打交道，除非牽扯到自身利益，因此擔任主管，恐怕私心自用，沒辦法服衆。準頭又向下的話，那情況更是明顯，將會成爲衆人的眼中釘。

4.眼神、法令

眼神若散漫無神，好像失了魂一樣，表示爲人沒有主見，缺乏膽識氣魄，事業上沒辦法開創進取，還可能倒閉失敗。而法令紋短淺的話，表示見識不足、威嚴不夠，部屬容易唱反調，沒辦法帶領團隊。

三十七、遭逢牢獄之災的面相

1. 天中、山林

天中的位置若呈現黑色，表示最近運勢欠佳，恐遭小人陷害，但卻沒有貴人幫助，而有糾紛纏身的情況。若山林的氣色也呈現青色，那表示外出時要特別注意，不要惹事生非，恐怕會發生無妄之災，而有吃上官司的可能。

2. 刑獄

刑獄的位置若出現惡痣，或者雜亂紋路時，表示容易遭人陷害，或是被其他人牽連拖累，而有官司纏身的現象，要特別提防才行。

3. 印堂

印堂的位置若凹陷的話，又氣色呈現黑色，表示先天的福德不足，沒有貴人來幫助化解，而且遇到問題糾紛的話，會如同滾雪球般，有越演越烈的情況，除了損失金錢之外，甚至有牢獄之災的可能。

三十八、劫數死於非命的面相

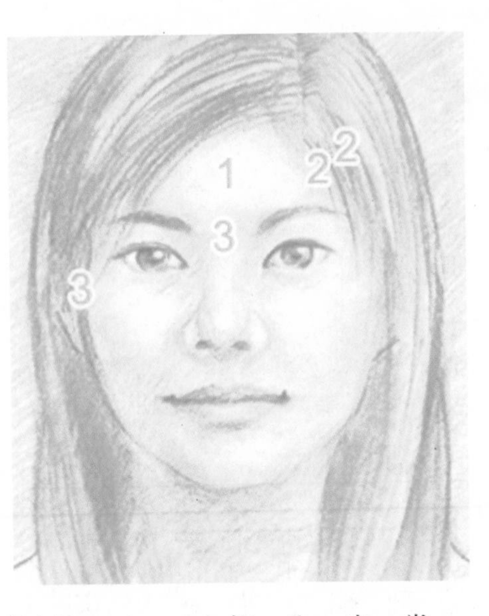

1. 司空

司空或中正的氣色若出現黑色，表示運勢相當低落，有走倒楣運的可能，情況還特別嚴重，出外要特別注意交通安全，或是旅行遊玩時的安全，才能避免血光之災，最好是能到寺廟裡去祭祀拜拜，來化解災劫轉好運氣。

2. 山林、驛馬

山林的位置若出現赤紅色，表示出門在外要注意危險意外，最好不要一個人出遊，或者是深夜逗留不歸，才能避免無妄之災。又驛馬的氣色呈現黑色，表示不適合出遠門或旅行，很可能發生危險意外，有客死他鄉的可能，若可以的話應該要另改日期，或是去上香求平安。

3. 命門、印堂

命門或印堂的位置若呈灰黑、發青、赤紅的話，表示楣運當頭、災禍臨身，出外要特別注意安全，以免發生血光之災，也不要去介入他人糾紛，以免被牽連拖累，居家的環境也要注意，才能避免偷盜或火災。

三十九、一世孤單無依的面相

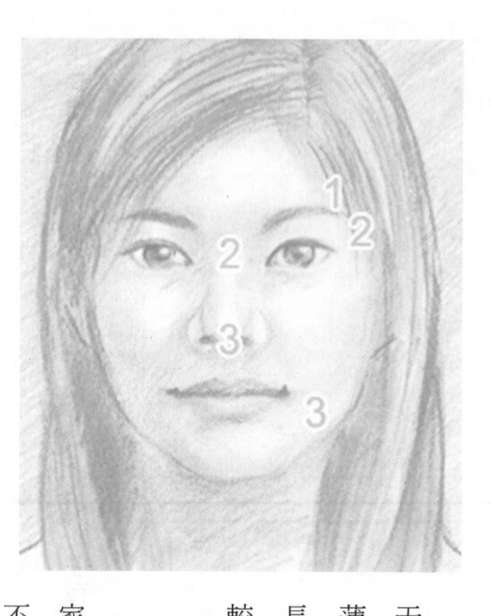

1.福堂

福堂的位置若凹陷，而且氣色黑黯，表示先天福祿較少，凡事會比較辛勞，與六親的緣分較薄，彼此很少往來聯絡，若結婚生子的話，子女長大後會自行成家，不跟自己一同居住，感情比較不那麼親密。

2.山根、奸門

山根的部分若細小，奸門有凹陷的話，表示家庭背景較差，事業的基礎薄弱，跟配偶的感情不合、整天吵鬧，有分居的可能，不然就是配偶體弱多病、運勢欠佳，有提早離開人世的可能。

3. 酒池、準頭

酒池的位置若有惡痣，又準頭下垂的話，表示為人貪圖享受、縱情聲色，不懂得節制，以及規畫財務，中晚年以後生活會走下坡，朋友會逐漸的遠離，晚景有淒涼的可能，要多加注意才好。

四十、鬱悶自殺身亡的面相

1.印堂

印堂的位置若出現雜亂紋路，而且氣色黑黯的話，表示最近運勢不佳，遇到很多煩惱阻礙的事情，卻沒有貴人可以幫助，情緒會比較不穩定。若挫折感比較重時，還可能會有想不開的情況。

2.壽上、命門

壽上的位置若有橫紋出現，像是劃斷鼻樑似的，又命門的位置呈現赤紅色，表示行事遇到阻礙，進行得不是很順利，還可能被人拖累，而有破財的情況，心情會非常鬱悶，很可能會一時想不開而衝動行事。

3.頸上

頸上若有橫紋出現，像是被劃斷一樣，又出現惡痣的話，表示意志力薄弱，有可能想不開而自殺，需要多加留意。

四十一、不孝忤逆父母的面相

1.日月角

日月角的位置若尖凸，而且歪斜高低不一的話，表示跟父母親的緣分薄弱，彼此不是很親密，父母親沒辦法幫助自己，但自己反而會埋怨父母親，脾氣顯得很暴躁，有不太尊重的態度表現。

2.眉稜骨

眉稜骨的地方突出，但是沒有肉包覆的話，表示爲人脾氣比較急躁，喜歡自作主張，做事情非常衝動，欠缺詳細考慮，對父母親比較不耐煩，有時會有頂撞的情況。

3.眉毛

眉毛的部分雜亂逆長，或是尾端分叉的話，表示跟六親的緣分薄弱，缺乏耐性，凡事三分鐘熱度，無法專注持續下去，又不愛聽父母囉嗦嘮叨，所以會有叛逆的情況出現。

四十二、一生家無恆產的面相

1.田宅

田宅的位置若凹陷，或出現惡痣的話，表示對於投資理財不擅長，往往判斷錯誤而損失，不然就是被人牽連拖累，而導致破產負債的情況，置產不是很容易。

2.山根

山根的位置若低平，而且氣色灰黯，表示事業運勢不佳，困難阻礙相當多，所以賺的錢很有限，沒辦法從事投資理財，因此不容易置產。

3.地閣、地庫

地閣的位置若削尖或歪斜，地庫也凹陷的話，表示爲人貪圖享受，奢侈浪費，不懂得節制，投資理財方面缺乏規畫，有週轉不靈的情況出現，也不太能夠替將來著想打算，通常不會想要置產。

四十三、沒有兄弟姊妹的面相

1. 眉稜骨

眉稜骨的部分若突出，而且沒有肉包覆的話，表示爲人個性剛強，不受他人管教，跟兄弟姊妹不是很合得來，關係不是很親密，或者是家中獨生子、獨生女，受到父母親的寵愛。

2. 眉毛、印堂

眉毛的部分若稀疏，表示六親的緣分薄弱，可能沒有兄弟姊妹，或是跟兄弟姊妹感情不親密，很少溝通互動。印堂的位置若有鎖眉的情況，那情況更是明顯，遭遇困難阻礙時，兄弟姊妹多半不願意伸出援手。

3. 日月角

日月角的位置若凹陷，或者是偏斜的話，表示父母親有可能感情不合睦，或者有生離死別的情況，家庭環境不良，可能沒有兄弟姊妹，或者跟兄弟姊妹很少聯繫。

四十四、無緣膝下承歡的面相

1.眼睛

眼睛的部分若凹陷下去，又是三角眼的形狀，表示個性剛愎自用，排斥心態很強，缺乏良好的人際關係，可能沒有生兒育女，或者疏於管教子女，跟子女感情不親密，爲人處世較爲孤僻。

2.淚堂

淚堂的位置若呈現灰黑氣色，又非常薄弱的話，表示姻緣薄弱，跟子女較沒有緣分，生兒育女的人數不多，或者有聚少離多的情況。

3.嘴巴、人中

嘴巴的形狀如吹火，又人中短淺歪斜，表示體質有問題，不太容易懷孕生子，因此跟子女的緣分薄弱，又子女跟自己關係不佳，很可能會忤逆不孝，晚年生活要提早規畫，才能避免淒涼的現象。

四十五、子女容易夭折的面相

1. 淚堂

淚堂的位置若氣色黯黑，或是有橫紋劃過的情況，表示跟子女的緣分薄弱，子女有可能出生就夭折，或是遭遇到危險意外，而提早離開人世。

2. 人中

人中的位置若有橫紋經過，而且氣色黑黯的話，表示子女不但叛逆，而且聽不進建言，有時會因爲衝動行事，而有悲劇的情況發生。

四十六、子女貧窮困苦的面相

1. 田宅、淚堂

田宅的位置若凹陷，又氣色黑黯的話，表示生活貧困、沒辦法置產，子女多半出外各自奔波，爲生活打拚，沒辦法留住。

2. 龍宮

龍宮的位置若赤紅或灰黯的話，表示子女容易發生災禍，有可能影響生命安全，要多加注意提防，特別是出門在外，或是去旅遊遠行的時候。

3. 淚堂

淚堂的位置若呈現赤紅色，又有雜亂紋路的話，表示跟子女的緣分薄弱，子女體弱多病，有可能夭折，或是容易發生災禍，而提早離開人世。

四十七、週轉不靈拮据的面相

1. 天倉

天倉的位置凹陷，而印堂的部分狹窄，表示爲人心胸放不開，經常煩惱憂愁，對朋友斤斤計較，而得不到額外的幫助，凡事辛勞卻不一定有所獲得，還可能因故倒貼做白工，必須要放寬心胸、提高修養才是。

2. 田宅、鼻翼

田宅的位置若灰黯，又鼻翼朝天外露的話，表示不善於理財，喜歡享受生活，對朋友言聽計從，經常大方請客，收支沒有規畫，會發生週轉不靈的現象，這是要特別注意的。

3. 體態、腰部

身體的比例長，但是腰部卻過於細小，或是身體比例短，但腰部卻過於粗大，都表示爲人遊手好閒，有好吃懶做的傾向，會因此缺錢花用，而有借貸的現象。

四十八、挫折難成大器的面相

1. 山根、顴骨

山根的位置若尖細，表示家庭背景較差，事業的基礎薄弱，凡事需要自行努力，沒有什麼貴人幫助，又企圖心、意志力不足，遇到挫折就會退縮不前，所以很難有驚人的成就。顴骨若突起卻無肉包覆的話，表示爲人自私自利，不喜歡與人分享，無法管理衆人成就事業。

2. 鼻樑

鼻樑的位置若低陷，或是有起結的情況，表示爲人缺乏遠見、判斷力差，沒有擔當，又起結表示貪圖享受，只想要不勞而獲，行事不走正

途，所以很難開創一番成功事業。

3. 法令

法令紋的部分，若長得短淺且斷斷續續，表示為人缺乏恆心耐性，貫徹力無法執行，因此讓人無法信服，不適合擔任主管的職務，只能為人作嫁，自行創業會比較辛苦。

4. 準頭、地閣

準頭的位置若下垂，而地閣的部分有歪斜的話，表示理財的能力不佳，判斷能力有問題，投資經常損失無法獲利，而人際關係也欠缺手腕，沒辦法獲得朋友的支持，因此事業上成不了氣候，只能單打獨鬥而已。

四十九、遭劫變賣家產的面相

1. 田宅

田宅的位置若出現青筋，氣色呈黑黯的話，表示人生運勢跌落谷底，遇到不小的打擊阻礙，需要做出重大的決定，才能度過眼前難關，所以有可能會變賣家產，來作爲應急的資金。

2. 顴骨

顴骨的氣色灰黯，又法令紋變爲青色的話，表示最近遇到困難阻礙，或跟人家有財務糾紛，甚至上法院訴訟，有牢獄之災的可能，因此需要變賣財產，換取大量現金來因應。

3. 地閣

地閣的位置若凹陷或者歪斜的話，表示爲人不懂得規畫財務，生活比較奢侈享受，沒有節制，不是透支過度，就是染上賭博、酒色，所以很可能會因此負債跑路，而需要變賣家產來還清債務。

五十、招惹口舌是非的面相

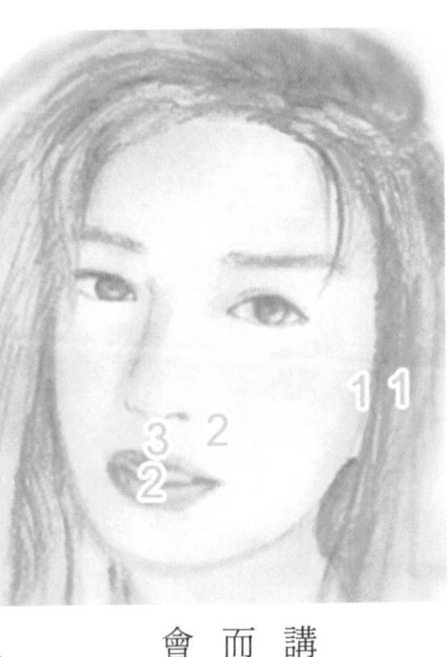

1. 臉部、嘴唇

臉部的氣色若發青，而嘴唇的部分又薄的話，表示講話尖酸刻薄，不是很近人情，最近與人可能有過節，而產生嚴重的爭執口角，但對方卻懷恨在心，可能找機會報復，而有招惹是非的情況。

2. 鼻樑、準頭

鼻樑跟準頭的部分削尖，像刀鋒一樣的話，表示為人貪圖利益，喜歡佔人家便宜，所以經常惹事生非，又很難協調退讓，常弄得大家不愉快，人際關係不是很理想，會產生許多糾紛麻煩。

3. 牙齒、舌頭

牙齒的部分若稀疏，而且形狀削尖不整齊的話，舌頭前端也尖形的，表示愛搬弄是非，喜歡三姑六婆，常在背後中傷別人，顛倒黑白是非，人際關係不是很理想，大家都會避而遠之。

五十一、體弱壽命不長的面相

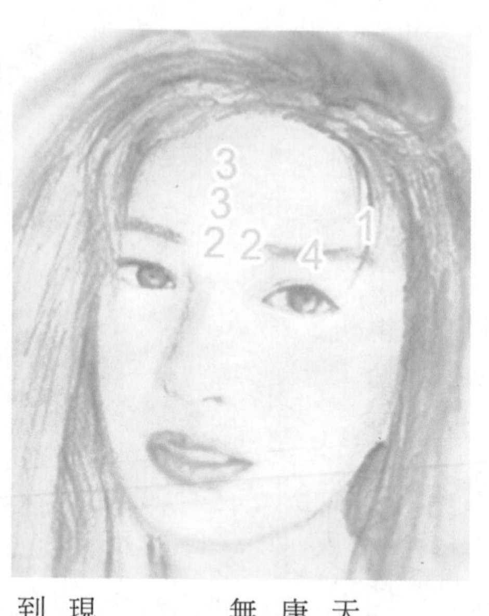

1. 耳朵、命門

耳朵的部分若小，且命門的氣色黑黯，表示先天體質不佳，有體弱多病的情況，要注意身體健康，避免發生疾病。再者出門在外的時候，要小心無妄之災、飛來橫禍，才能確保身命安全。

2. 法令、嘴唇

法令的部分若短淺，尾端跟嘴角相連的話，出現鎖口的情況，表示先天福祿較薄，出外容易遭受到意外災害，或是被人牽連拖累，而有奔波勞碌的情況，有可能會提早離開人世。

3. 人中

人中的位置短淺，又氣色黑黯的話，表示先天的福祿不足，凡事會比較辛苦勞累，然後才能有所得，出外要小心注意，特別是戲水的安全，不要獨自貿然前往。

五十二、官司訴訟拖累的面相

1.臉部、福堂

臉部的氣色若發青，福堂的位置有皺紋的話，表示無端飛來橫禍，遭受他人的牽連拖累，自己成了眾矢之地，有官司訴訟的情況，還可能損失大筆金錢，跟人往來要特別謹慎。

2.刑獄、印堂

刑獄的位置若凹陷，或有疤痕的話，表示容易官司纏身，而有牢獄之災，又印堂出現赤紅色，表示運勢不理想，恐遭人設計陷害，與人交往要特別注意，不要輕信他人，才不會賠了夫人又折兵。

3.司空、中正

司空的位置若出現惡痣，而中正的部分凹陷，表示事業上，容易出現小人，遭對方設計陷害，或者背後中傷，而有官司訴訟的可能，情況多半對自己不利，一時之間恐無法化解，必須要耐心等候。

4.眉毛、印堂

眉毛的距離若相隔太開，印堂又出現皺紋的話，表示為人缺乏主見，容易受朋友的影響，往往掉入別人的陷阱，有可能被人利用而不知情，後果還必須由自己承擔，成為代罪羔羊。

五十三、漂泊居無定所的面相

1.田宅

田宅的位置若狹窄，而且氣色黑黯，好像淤血一樣，表示家庭背景較差，很早就出外流浪，經常變換工作，所以居無定所，缺乏投資理財的概念，也不容易置產安定下來。

2.天倉

天倉的位置凹陷，氣色又不佳，表示獲得的栽培有限，本身的貴人運勢不旺，常常遇到阻礙困難，凡事需要勞心勞力，才能有所收穫，早年會比較漂泊不定，必須等待年長才可能安定。

3.地閣

地閣的位置若凹陷又歪斜的話，表示為人重視物質、短視近利，比較不會想要置產，會喜歡到處旅遊觀光，經常變換居住的場所，早年會比較風光，但晚年生活恐怕每況愈下，要事先規畫才好。

五十四、終生一事無成的面相

1.田宅、顴骨

田宅的位置若狹窄，又顴骨歪斜的話，表示爲人不懂得投資理財，判斷能力比較差，不太會置產獲利，再者，由於本身缺乏主見，容易輕信他人，不會深入思考其中涵義，往往造成不小的損失。

2.準頭、法令

準頭若不突出隆起，法令紋也短淺的話，表示眼光平凡無奇，沒什麼創見可言，賺錢的能力有限，無法迅速蓄積財富。對於管理也沒有興趣，無法建立威嚴誠信，不適合擔任重責大任。

3.地閣、奴僕

地閣的位置若凹陷，奴僕又歪斜的話，表示事業的基礎不夠穩固，會貪圖玩樂，沒有心思進取，又朋友多半是小人，會遭到設計陷害，所以很難成就事業。

五十五、子女叛逆難管的面相

1. 淚堂

淚堂的位置若氣色黑黯，又出現雜亂紋路，表示跟子女的緣分薄弱，或者疏於管教子女，產生嚴重的代溝，子女長大後就各自離家，很少會關心聯絡，感情不是很親密。

2. 日月角

日月角的位置若凹陷，表示自己的權威性不足，有溺愛子女的傾向，使得子女膽大妄爲，不受約束，長大後有可能冷漠相對，或是做出過分無理的要求，讓自己非常傷心難過。

3. 人中

人中的位置若短淺，又彎曲不直的話，表示跟子女的緣分薄弱，子女不愛聽從管教，從小會有叛逆的行爲出現，長大後可能變本加厲，甚至對自己做出過分的舉動。

國家圖書館出版品預行編目資料

第一次學面相學就做對／陳哲毅著.
－－初版－－台北市：知青頻道出版；
紅螞蟻圖書發行，2005〔民94〕
面　　公分，－－(Easy Quick : 48)
ISBN 957-0491-39-6 (平裝)

1.面相
293.21　　94002714

Easy Quick 48

第一次學面相學就做對

作　　者／陳哲毅
發 行 人／賴秀珍
榮譽總監／張錦基
總 編 輯／何南輝
文字編輯／林芊玲
美術編輯／林美琪
出　　版／知青頻道出版有限公司
發　　行／紅螞蟻圖書有限公司
地　　址／台北市內湖區舊宗路二段121巷28號4F
郵撥帳號／1604621-1　紅螞蟻圖書有限公司
電　　話／(02)2795-3656（代表號）
傳　　眞／(02)2795-4100
登 記 證／局版北市業字第1446號
法律顧問／通律法律事務所　楊永成律師
印 刷 廠／鴻運彩色印刷有限公司
電　　話／(02)2985-8985・2989-5345
出版日期／2005年3月　第一版第一刷

定價 250 元

ISBN 957-0491-39-6　　**Printed in Taiwan**